育成思考

野球がもっと好きになる
環境づくりと指導マインド

一般社団法人
Japan Baseball Innovation
代表理事

阪長友仁

TOYOKAN BOOKS

はじめに

日本の野球界は今の仕組みのまま続けていくと、遠くない将来、果たしてどうなってしまうのだろうか――。

私は中米のグアテマラに独立行政法人国際協力機構（JICA）の企画調査員として滞在し、休日を利用してカリブ海諸国の野球環境を視察して回っていた2010年代前半、日本球界の未来に危機感を募らせていきました。当地における育成世代の環境やビジョンが、あまりにも日本と異なっていたからです。

特に衝撃を受けたのが、ドミニカ共和国で目の当たりにした光景でした。

野球ファンなら、ドミニカが世界に名を馳せる野球大国だと聞いたことがあると思います。2022年には171人のドミニカ出身者がメジャーリーグ（MLB）でプレー。総人口は約1100万人なので、人口約6万4000人に対して1人が現役メジャーリーガーという割合です。2022年のサイ・ヤング賞投手であるサンディ・アルカンタラ（マイアミ・マーリンズ）や、2020年首位打者で「天才」として知られるファン・ソト（サンディエゴ・パドレス）などスター選手は枚挙に暇がありません。ちなみに

２０２２年、日本人メジャーリーガーは７人でした。

アメリカ、カナダ、アメリカ自治領プエルトリコを除く各国の選手は、16歳と半年からＭＬＢ球団とプロ契約を結ぶことができます。彼らのほとんどは、各球団がドミニカで運営する「アカデミー」という選手育成機関に送られます。夏の３カ月間に1チーム72試合のリーグ戦＝サマーリーグを行い、公式戦の中で実力を蓄えていくのです。詳しくは第1章で述べますが、ポテンシャルを秘めた若手選手たちをできるだけ大きく伸ばそうと、積極的にチャレンジさせる環境があります。

対して日本の場合、高校球児は春夏の甲子園出場を目標に掲げ、一発勝負のトーナメント戦を繰り返します。当然、負ければ終わり。勝たなければ〝次〟がないから、エースが無理して登板したり、チャンスで送りバントや進塁打を狙わせたり、チームの勝利が最優先されて個人が〝犠牲〟になることも少なくありません。

野球は団体競技だからそんなことは当たり前だ、と思われる方もいるかもしれません。そのとおりです。チームの勝利を手に入れるためには、ＭＬＢやワールド・ベースボール・クラシック（ＷＢＣ）でも選手たちに自己犠牲が求められる場面は当然あります。

では、育成年代にあたる16～18歳の選手たちにとって、チームの勝利は最も重要でしょうか。誤解を恐れずに言えば、私はそう考えていません。

当然、スポーツである以上、チームの勝利を目指して戦います。必死で勝ちにいくからこそさまざまな経験ができ、そうして味わう喜びや悔しさが成長の糧になっていく。

しかし勝利という結果を最優先しすぎると、育成年代の選手の将来が二の次になるケースも起こります。わかりやすいのが投球過多や、先発した翌日にも投げさせるような起用法です。プロ野球ならあり得ない起用を育成年代の選手にするのは、ケガのリスクからも間違っています。また、緻密な走塁や打撃の小技に練習時間を費やせば勝利する可能性を高められるかもしれませんが、10代の選手を将来大きく飛躍させることを考えると、果たしてその練習は本当に〝今〟やるべきことでしょうか。

チームの勝利を求めて戦うのは極めて大事な一方、育成年代を担当する指導者は「選手の未来」に対して大きな責任がある。「言うは易く行うは難し」ですが、私は2023年8月まで監督を務めていた堺ビッグボーイズで自身にそう言い聞かせて日々取り組んでいました。

以上の考え方は、ドミニカ共和国で学んだものです。現地では10代の選手たちが全盛期を迎える25歳頃に大きく羽ばたけるような環境が用意され、指導者も将来を大切にしながら選手たちを大きく伸ばしていきます。こちらも第1章で詳しく述べますが、そうしたビジョンの違いこそ、日本とドミニカでメジャーリーガーの数が大きく異なる理由だと私は考えています。

なぜ、球数制限だけが導入されたのか

10年ほど前から、日本球界にもさまざまな変化が起こり始めています。

最も顕著な例が「球数制限」でしょう。小学生年代の学童野球では1日70球、中学硬式のボーイズリーグ（公益財団法人日本少年野球連盟）では1日80球、2日で120球という規定ができました（それまでボーイズリーグでは、1日7イニング、2日で10イニングというイニング制限のみ）。以前は、骨が固まり切っていない＝肉体的に成長過程にある少年少女の故障予防の観点から投球数を制限するルールがなかったことを考えると、大きな前進だと思います。

一方、高校野球では1週間で500球以内という規定が2020年春の甲子園大会から導入されました（同大会は新型コロナウイルスの感染拡大で中止）。エースが連投を命じ

られ、故障に至る例も少なくなかった過去を踏まえると、登板過多を防ぐルールができたこと自体は良かったと言えるでしょう。

ただし先発完投したとしても、1試合の球数は多くて150球程度です。あくまで単純計算ですが、1週間に完投を3回しても問題ないという数字です。この規定には、果たして実効性がどれくらいあるのか。メディアやSNSで侃侃諤諤の議論が起こりました。

私自身、核心をついていないと感じています。この内容では、甲子園大会などで連戦となった際、故障予防という目的を果たせないからです。

なぜ、中途半端なルールになってしまったのか。

その要因は、「球数」しか考慮に入れられなかったからだと想像します。もちろん投手の故障予防は重要ですが、高校野球は育成年代であり、かつ教育の一環として行われていることを踏まえると、是非を検討されるべきものがほかにもあります。

その一つが金属バットです。日本で2023年まで使用されている金属バットは、国際大会では「規定違反」とされます。なぜなら反発力が強すぎて〝飛びすぎる〟からです。

金属バットの反発力が高すぎると、打球スピードが速くなるため、特に投手やサード、ファーストには危険が高まります。加えて、バットを内から出すという〝正しいスイング〟が身につきにくい。そうした理由もあってドミニカでは中学生年代から木製バットが使用され、アメリカの高校年代の公式戦では「BBCOR」の認定を受けた低反発の金属バットが採用されています。

日本でも2024年から、金属バットに厚みを持たせることで飛距離を抑えたバットしか使えないという規定が設けられますが、BBCORのように反発計数に関する規定はありません。

金属バットは耐久性に優れるという利点がある一方、日本で2023年まで使用されているものは、世界基準で見ると明らかに飛びすぎます。つまり打者有利になるため、投手は直球勝負ではなく変化球でかわすピッチングになりやすい。高校球児が育成年代であることを考えると、ストレートを磨いた方が将来の飛躍につながりやすいと思います。少なくともドミニカのサマーリーグではそう考えられ、スライダーや変化球の割合に制限がかけられています（127ページ参照）。

二つ目はもっと大きな環境要因で、トーナメント戦という試合形式です。負けたら終わりだから、エースを引っ張らざるを得ない。論理としてはわかりますが、一発勝負のノックアウト方式は選手の育成や成長には最適ではありません。だからこそドミニカでは、前述したようにリーグ戦が採用されています。

負けても〝次〟があるリーグ戦なら、そもそも選手個々に無理を強いる必要はありません。監督はリーグ戦をトータルで星勘定して、どうすれば勝ち抜けるかを考えて選手起用をしていけばいい。エースが故障して投げられなくなればチームにとっても痛いので、違和感があるのにマウンドに立たせるわけにはいきません。逆に言えば、控え投手やベンチメンバーにもチャンスが回ってくるということです。バッターはもし打てなくても、次の打席で取り返すチャンスがある。だから、思い切って振っていける。

ベンチで指揮する監督にも同じことが言えます。

負けたら終わりのトーナメントでは送りバントを指示するような場面でも、リーグ戦なら積極的に打たせていける。だからこそ私は、高校野球でもリーグ戦を導入するべきだと考えています。さらに言えば、実力拮抗したチーム同士のリーグ戦にして、多くの試合ができるようにすれば、切磋琢磨しながら成長していけます。2022年夏の高校野球千葉大会では「82対0」という試合がありましたが、どちらのチームにとっても得たものは少なかったはずです。

約10年前から野球人口減少に歯止めがかからず、高校野球でも「連合チーム」が増えてきました。一方、強豪私学では部員100人を超えるケースもあります。しかし、大会に出場できるのはどの高校でも1チームのみです。もし1校から複数チームがエントリーできるようになれば、せっかく野球をしたくてチームに入ったのにスタンドで応援しているだけ……という選手をなくすこともできます。

今の時代だからこそ、野球をする価値がある

選手たちが野球に最大限熱中し、自分自身やチームの成長につなげるためには、現行ルールのもっと大胆な変更を考えてもいいのではないでしょうか。

私がそう考える要因の一つは、近年、高校球児たちの考え方が大きく変わっているように感じるからです。

甲子園は魅力的な舞台である一方、自分の未来はもっと大事。そうして過密日程の中で連投をせず、チームメイトに大事な先発マウンドを託すという選択をする投手が出てきました。その一人が、天理高校のエースとして2021年春の甲子園に出場し、同年ドラフト1位で北海道日本ハムファイターズに入団した達孝太投手です。

また、プロ側が評価する選手のタイプにも変化が生まれているように思います。例えば、２０２２年ドラフト1位で福岡ソフトバンクホークスに指名されたイヒネ・イツア選手。愛知県の誉高校時代には甲子園の出場歴がないものの、将来性を評価されて最高評価でプロ入りしました。

高校時代に無名だった一方、大学で成長して同年、東北楽天ゴールデンイーグルスに1位指名されたのが荘司康誠投手です。一般受験で新潟明訓高校に入学し、高校３年時は春も夏も初戦敗退。指定校推薦で立教大学に進学し、右肩の故障が癒えてきた大学３年から頭角を表すと、翌年、２球団競合でプロ入りしました。

選手の才能がいつ花開くかは、プロのスカウトにもはっきりと見えているわけではありません。だからこそ可能性の芽を大切に育みながら、できるだけ大きく飛躍できるような環境を整えていくことが大事だと思います。

そのために不可欠なのが、アマチュア球界にリーグ戦を導入することです。私はグアテマラから帰国した２０１４年、拠点を構えた大阪でそう訴え始め、同意してくれた高校野球の先生たちと翌年「リーガ・アグレシーバ」を立ち上げました。大阪の６校で始めたリーグ戦で、現在は全国で１５５校まで参加校が増えています（２０２３年６月26日時点）。地元で熱心に取り組んでいる公立高校から、甲子園の常連まで幅広く参加してくれています。

リーガ・アグレシーバを広める上で大切にしているのが、単純にリーグ戦を行うだけにはとどまらないことです。「アグレシーバ」はスペイン語で「積極的に」という意味で、投球制限、木製バットや低反発バットの採用、スポーツマンシップ講習、指導者が学び続ける機会の確保など、選手たちが成長できる環境を整えています（詳細は第5章を参照）。

まだまだ途上ですが、リーガ・アグレシーバに参加校が増えているのは、高校野球における指導者の価値観がそれだけ多様化している証左なのではないでしょうか。

今、社会の環境や世の中の価値観は、劇的なスピードで変化しています。同時に進んでいるのが少子高齢化ですが、深刻な野球人口減少は8倍の割合で進行しているというデータもあります。

では、野球の価値自体は変化しているのか。2023年WBCで侍ジャパンが優勝して大きな感動をもたらしてくれたように、昭和の時代からまったく変わっていないと思います。それなのに競技人口が減っているということは、何らかの理由があるからでしょう。

常に変化し続け、混沌とした時代だからこそ、逆に野球をプレーする意義が高まっているのではと私自身は考えています。試合を通じ、選手たちは成功と失敗を数多く体験できるからです。真剣勝負の中で勝ち、負けを繰り返し、「次はどうすればうまくできるだろうか」と考えていく。体を動かし、喜怒哀楽を感じながら、スポーツマンとして成長していく。野球には、人々を幸せにできる価値があると心の底から信じています。

だからこそ、関わる人たちがより成長できるような環境を整えていきたい。本書をきっかけにして、読者の皆さんと一緒に考えていければと思います。

阪長友仁

CONTENTS

第4章　堺ビッグボーイズの取り組み

第5章　リーグ戦化を推進する意義

第6章　日本野球への提案

※本書に登場する選手の所属は2023年10月31日時点のものとする。

第1章

ドミニカ共和国の育成システム

これまで通算20回以上、新型コロナウイルスが感染拡大する前には毎年3、4回足を運んできたドミニカ共和国は、私が「指導者は何のために存在しているのか」を学んだ場所です。

最初に訪れたのは2012年、中米のグアテマラでJICAの企画調査員をしていた頃でした。グアテマラは凶悪犯罪の発生率が世界トップレベルで高く、金銭目当ての強盗に遭うのを避けるため、住んでいた3年間で一度も自分の足で首都グアテマラシティを歩いたことがありません。近所のスーパーマーケットに行く際も含め、常に車移動でした。

そうした日常でストレスを解消するべく、3、4日の休日をとれたらカリブ海沿岸の野球大国を見て回りました。最初に訪れたのがキューバで、次にプエルトリコやニカラグアを見て回った後、ドミニカに行ってみることにしました。

訪れる前のイメージは、多くのメジャーリーガーを輩出している国、というものです。インターネットで調べて、MLB全30球団がアカデミーを運営して主に16〜18歳の選手たちを育てていることがわかりました。

日本人で言えば、甲子園を目指している高校球児と同世代です。私自身も新潟明訓高校時代の3年生夏に全国の舞台に立ちましたが、毎年「夏の風物詩」と言われるほど球場全体が熱気に包まれます。だから、ものすごい数のメジャーリーガーを輩出しているドミニカの同世代も負けず劣らずの盛り上がりを見せているに違いない、と期待を膨らませて現地に飛びました。

首都サントドミンゴのラス・アメリカス国際空港でレンタカーを借り、球場を目指しました。カーナビはついておらず、現在のようにグーグルマップで調べればどこにでも行けるという時代ではありません。事前にインターネットで航空写真を確認し、「この辺に野球場が固まっているから、アカデミーもあるのでは？」とだいたいの場所に目星をつけておいてレンタカーで向かいました。

ところが近くまで行っても、球場への看板が出ていません。私とすれば甲子園球場に行くようなイメージだったので、ものすごく戸惑いました。甲子園球場へのアクセスは、誰にでもすぐにわかりますよね。それなのに、アカデミーには一向にたどり着けないのです。

「この辺にメジャーリーグ球団のアカデミーはないですか？」

大きな道から路地への入り口にいたバイクタクシーの運転手に聞くと、「ある」という答えでした。

「どうしても場所が見つけられない。僕は車で来ているので君のバイクには乗らないけど、お金を払うから球場まで案内してほしい」

そうして先導してもらうと、路地を入って進み、舗装されていない道を走っていくと、ようやく球場が見えてきました。

ドミニカ野球の驚きの光景

到着したのはアリゾナ・ダイヤモンドバックスのアカデミー。バックネット裏まで行ってみると、驚くかな、観客は私のみでした……。

ドミニカのサマーリーグはマイナーリーグの最下層にあたるルーキーリーグという位置づけで、プレーしているのはメジャーリーガーの卵たちです。彼らはMLBで〝七軍〟程度にあたり、一軍であるメジャーリーグまで昇格できるのは2％と言われますが、未来のスーパースター候補です。

正直、日本の高校野球が開催される甲子園球場には足元にも及ばないような雰囲気です。観客ゼロなので応援は当然なし、テレビ中継もなく、審判は球審と二塁塁審の2人体制です。「これが本当に公式戦？」と肩透かしをくらいました。

バックネット裏の席に座って試合を見始めると、甲子園で繰り広げられる日本の高校野球とはまるで違う様相でした。投手たちはストレート中心で、とにかく目一杯投げ込んでいく。変化球も時折織り交ぜますが、ホームベースから30〜40cm離れているのではというくらい、コントロールが定まらない投手もいました。

かたや、バッターは一様にフルスイングを繰り返していきます。見るからに豪快なスイングですが、特に変化球を投げられるとボールとの距離が結構離れています。投打ともに荒削りという印象でした。

二遊間にセカンドゴロが飛ぶと、それほど難しくない当たりを二塁手がトンネルしました。「え？」。それくらい簡単なゴロをメジャーリーガーの卵たちが捕れないことに、驚きを隠せませんでした。

同時に頭をよぎったのが、自分の現役時代です。エラーをした後にベンチに帰るのは、非常に辛いことでした。ベンチに帰ると、「なんでそんな簡単なゴロを捕れないんだ！」と怒られるからです。胸の中で、「失点が少なく早く守備を終えて攻撃に転じられればいいけれど、帰ったら怒られるからまだベンチには戻りたくない。このままいなくなってでしまいたい……」と思ったことが何度かあります。日本で野球をしていれば、多くの選手がこの気持ちを経験したことがあると思います。

そうした不安な心境を思い出していると、サマーリーグの試合が攻守交代となり、エラーした選手に目を向けました。コーチがその選手に近づいていくと、お尻をポンポンとたたくだけ。怒った様子はまるでなく、「次に切り替えろよ」という感じです。エラーした選手もミスを気にするわけではなく、普通に振る舞っていました。むしろ、チームメイトたちと何事もなかったように談笑しているくらいです。

「これでいいの？」

私の頭の中はクエスチョンマークでいっぱいになりました。まだ高校生年代とはいえ、ミスをしたのに悪びれもしていない。コーチもお尻をたたくだけ。日本的に言えば、〝ぬるい〟雰囲気に映ったからです。

ところが、イージーエラーをしたセカンドはその後、二遊間の難しい打球を逆シングル（バックハンドキャッチ）で華麗に捕球してみせます。

また、前の打席で変化球にかする気配もなく豪快な三振をしたバッターは、次の打席では強烈なホームランを放ちました。サマーリーグの選手たちはＭＬＢ球団にスカウトされただけあり、一様に光るものを持っていたのです。

今度はブルペンに行ってピッチャーを見ると、コントロールがものすごくばらついている投手がいました。「まさか、この制球力では登板しないよな」と思っていたら、接戦の試合終盤、声がかかってマウンドに上がります。

案の定、ストライクがなかなか入りません。それでも力強い球で打者を押し込み、なんとか1イニングを抑えてベンチに帰ってきました。周囲とハイタッチして称え合っています。四球でピンチをつくりましたが、悪びれるような態度は一切見られません。

初めて見るドミニカのサマーリーグはこんな様子で、私には疑問ばかりでした。それまで自分がやってきた、日本の野球とはあまりにも異なっていたからです。

試合が終盤へ進むにつれ、その理由が徐々にわかってきました。

そうか、日本の高校野球とは目指しているところが全然違うのか、と――。

日本の高校野球は、チームの勝利を何より求めています。自分自身、新潟明訓高校ではそうでした。甲子園に出ることが最大の目標で、3年夏にそれがかなえられると、満足して野球を終えようと思いました。思い直して、立教大学で続けることになるのですが。

対してドミニカのサマーリーグでは、全選手がメジャーリーグに昇格して活躍することを目標にしています。もちろん目の前の試合では勝利を目指してプレーするし、活躍できれば自信になる一方、三振やエラーなどで結果が出なければ悔しさを噛み締める。選手たちは瞬間、瞬間ではそうした表情を見せている一方、最も大事なのは将来に向けて成長していくこと。だからこそ指導者たちは、16~18歳の選手たちが25歳くらいになったときに、どういう姿でメジャーリーグのグラウンドに立っているかをイメージしている。そのために今、どういうアプローチができるのかと考えてサポートしている。

だから日本とドミニカでは、同じ年代に対する選手への接し方が極端に違うのかと、ふと気づいたのです。

ドジャースコーチの〝謎解き〟

初めてのドミニカ滞在では数試合見て、グアテマラに帰りました。乗り継ぎはあるものの飛行機で数時間と近い距離なので、もっとドミニカ野球を知りたいと思い2回、3回と行くようになりました。

そうして知り合ったのが、ロサンゼルス・ドジャースのアカデミーで20年以上のコーチ歴を誇るアントニオ・バウティスタです。自身はマイナーリーグでプレーした後、ドミニカ出身選手として初めて3000安打を記録したエイドリアン・ベルトレ（元テキサス・レンジャーズなど）や2013年WBC優勝メンバーであるカルロス・サンタナ（ミルウォーキー・ブリュワーズ）ら数々のメジャーリーガーを育ててきました。

ドミニカで試合を見ながら感じた疑問について聞くと、バウティスタが〝謎解き〟をしてくれました。とりわけ印象的だったのは、なんのために指導者が存在するのかという話です。

「選手たちがメジャーリーグで長く活躍できるように、我々はそばにいる。野球が難しいのは、ヒットになった場合でも必ずしもいいスイングをできていたとは限らないからだ。少し問題のあるスイングでも、たまたまヒットになることもある。逆に、いいスイングをしてもボールとの接点がずれて高々としたセカンドフライに終わることもある。

結果が良くなかったから、悪かったということではない。選手たちがやろうとしていることは、方向性が合っているのか。例えば、正しい方向に向かっていて結果が伴ったならば、『良かった。この方向性で進んでいこう』と、選手にきちんと伝えていく。それが〝先を見据える〟ということだ。アカデミーの選手たちはメジャーリーグのレベルに到達しているわけではないので、本当に今の自分のプレーで通用するようになるのか、その方向性が正しいのかを自分でもわかっていない。だからコーチが横にいて、しっかりコミュニケーションをとっていく必要がある。

特に空振り三振やエラーをしたときが、じつは一番成長できるチャンスだ。ミスが出たときに、いかに次のプレーに集中できるか。そのために、前向きにアプローチできるか。試合中はミスを引きずりすぎると、次のプレーに集中できない。試合中にミスをした後はとにかく切り替えて、次の打席が来たときにいいものが出せるようにアプローチしていく。試合が終わった後、このミスを選手の将来の成長につなげるためにはどういうアプローチができるかを一緒に考えていく。指導者はそれをやり続けていくんだ」

バウティスタが強調するのは、いわゆる「コーチング」の大切さです。

コーチが教えすぎると「ティーチング」になりますが、適切に見守りながら必要なことを伝えていく。

こうした話を聞くと、ともすれば「コーチが何もしなければいい」とか、「お尻をたたけばいい」となりがちですが、そういうことではありません。絶妙な距離感で見守りながら、選手に寄り添って成長に導いていくのが指導者の役割だということです。

メジャーリーガーに不可欠なもの

ドミニカでは少年たちの大多数が野球をして遊び、将来メジャーリーガーになることに憧れています。子どもの頃から好きだった野球でうまくなり、夢の舞台に立てるようになるためには、どんなことが重要になるでしょうか。

私自身、バウティスタにこう言われたことがあります。

「ＭＬＢで活躍していこうと思ったら、体力、技術、スピード、メンタルなど、いろんなことが必要だ。でも、〝絶対にこれだけは欠けてはいけない〟というものがある」

野球で理想とされるのは５ツールプレーヤーで、打撃のミート力と長打力、走力、守備力、送球力を備えた選手のことです。二刀流の大谷翔平選手（ロサンゼルス・エンゼルス）は投手力もあるので〝６ツールプレーヤー〟と言えるかもしれませんが、実際に５つの能力をすべて備えた選手は極めて稀です。

例えば走力は普通でも、長打力やミート力に優れた選手もいます。長打力はないものの、ミート力と走力の高い選手が活躍しているケースもある。まずは野手としての活躍を目指す中南米諸国では、走力が低い、ミート力や長打力が足りない、守備の能力が今ひとつとなれば野手をあきらめ、投手として生き残りをかけて転向するケースも多いです。捕手から投手に転向したケンリー・ジャンセン（ボストン・レッドソックス）や、ショートからピッチャーになってメジャーリーグで13年間プレーしたペドロ・ストロップ（元シカゴ・カブス）などがいます。

では、どんなに優れた能力を備えていたとしても、メジャーリーガーとして活躍するために〝絶対にこれだけは欠けてはいけない〟ものとはなんでしょうか。私が答えに窮していると、バウティスタは言いました。

「その選手自身が野球という競技を心の底から好きか、どうかだ」

高いレベルに行けば行くほど、選手は壁にぶち当たるものです。そのとき、なんとか乗り越えようと頑張る原動力になるのが、「自分は野球が好きだ」という気持ちです。好きだからこそ、努力を続けてできるようになり、もっとうまくなりたいとやり続けるのです。「グリット（GRIT＝やり抜く力）」と言い換えられるでしょうか。

ドミニカでは選手たちに「自分は野球が好きだ」という思いを身につけてもらうために、特に小学生年代のすごし方が重要とされています。小さい頃に「野球は楽しい。また明日もプレーしたい」と思ってもらうことが、のちに中学生、高校生、プロの選手になったときに活きてくると考えられているからです。

ドミニカの子どもたちは道端や空き地でペットボトルのキャップなどを使った野球遊びを始め、６歳くらいになると町や村のチームに所属します。「リーガ」と言われるカテゴリーで、日本の学童野球のようなものです。少額の月謝を払い、指導者に見てもらいます（チームによっては無料）。

日本との違いで言えば、使用するボールは硬式。活動は週に3、4回で、学校が休みの土曜と、平日は学校が終わった午後2時頃に集まって3時間程度活動します。ノックなど指導者に決められた練習メニューを行うのではなく、試合形式を繰り返します。バットを思い切り振り、バッティングを中心に野球の楽しさを覚えていきます。守備ではメジャーリーガーが見せるような逆シングル、ベアハンドキャッチ（素手での捕球）、ジャンピングスローにも見よう見まねで果敢にチャレンジします。

ドミニカでは日本のように県大会や全国大会はなく、近くのチーム同士、もしくは自チーム内で試合を行います。勝敗を争うというより、一緒に試合を行う仲間を求めるという意味合いでしょうか。もちろん、その中で勝利を目指してプレーしますが、指導者がバントや盗塁、ヒットエンドランなど細かいサインを出すことはありません。子どもたちはとにかく思い切ってプレーする。そうした姿勢が、パワフルでダイナミックなドミニカの野球を形づくっていくのだと思います。

ドミニカの育成環境

12歳頃までリーガで野球を楽しんだ後、13歳頃になると「プログラム」というカテゴリーに進みます。プログラムで野球を継続する選手は3〜4割というイメージです。

前述したようにドミニカを含むカリブ海諸国（プエルトリコを除く）の選手たちは16歳と半年からMLB球団と契約することができます。ドミニカでそれ以前の年齢の選手は基本的に地元のプログラムに所属し、練習や試合を通じてトライアウトに向けて準備をしていきます。16歳のときには契約できず、17、18歳でプロになる選手も少なくありません。

プログラムでは家から通う場合もあれば、寮に住むケースもあります。プログラムの指導者の中には元プロ選手もいて、総じて選手を育成することを本職としています。しかし、選手たちに月謝は発生しないケースが大半です。選手がMLB球団と契約合意した場合、契約金の数十％が指導者に渡るという仕組みです（平均で30％程度）。言い換えるとプログラムの指導者たちは選手をＭＬＢ球団と契約させなければ自分たちの報酬もないため、故障させては元も子もないのです。

練習は月曜から金曜まで、朝8時半か9時頃に始めて11時半から12時に終わるのが一般的です。選手たちは昼食を食べ、午後から学校に行きます。ドミニカの学校は午前または午後の半日授業が基本で（校舎の数が足りていないようで、午前と午後に分けて生徒を入れ替え）、地域にもよりますが野球をしている少年たちは午後の授業を選択しているケースが多いようです。ただし、反対のケース（午前が授業で午後から練習）もあります。

土曜は半日で練習をするか、練習試合を行います。日曜はオフ。指導者も週1回はしっかり休みをとり、家族と一緒にすごします。

ドミニカの練習方法について日本の指導者からよく質問されますが、まったく変わったメニューを行っているわけではありません。ウォーミングアップ、キャッチボールを30分くらい行い、次は守備練習を15〜20分。チームの内野手が10人という場合、ショートとサードに5人ずつ分かれて、マウンドの横辺りからコーチが緩いゴロを手で転がすか、緩いノックを打っていきます。選手から見て身体の正面、右側、左側のゴロを捕り、最後に前に出るゴロを1本捕球して終わりです。これを効率よくやるので、短時間でも結構な本数を練習することができます。

「それだけ?」という声が聞こえてきそうですが、それだけです。連係プレーやシートノックは行いません。MLB球団がこの年代の選手たちに求めるのは、そうした細かいプレーをできることではなく、捕球、肩の強さなど、守備の基盤になるものだからです。逆に言えば、細かいプレー(送りバントやヒットエンドラン、守備では中継プレーやバント処理、投内連携など)はプロになった後に身につけていけばいいということです。だからプログラムの各チームでは、個人の能力を高めることに主眼を置いて練習、試合を行っていきます。球審から「プレーボール」の声がかかればもちろん勝利を目指しますが、選手の成長が第一で、勝敗は最優先事項ではないのです。

守備練習が終わったら、次は打撃練習です。日本では数箇所に打撃ケージを置いて取り組むのが主流ですが、ドミニカでは1箇所のみです。プログラムからアカデミーまで、すべてこのやり方です。マウンドの少し手前からコーチがテンポよく投げて、打者が順番に打っていきます。

こうした練習をドミニカでは「BP(バッティング・プラクティス)」と言います。日本でも使われ出した用語ですが、いわゆる「フリーバッティング」とは考え方が少し異なります。フリーバッティングはその名のとおり「自由に打つこと」になりますが、ドミニカでは低くて強いライナーをセンターから逆方向中心に打つ練習を繰り返します。

打撃練習で打つ本数にも、日本とドミニカでは違いがあります。日本のアマチュア野球では時間で区切って一度に多くの数を打つ場合が多い一方、ドミニカでは本数で区切り、多くても１回の打席で７本程度です。１日のＢＰで一人が打つ本数は通常30本程度。多い場合でも50本くらいまでです。

「疲れてくると悪い癖が出てきて、その打ち方を続けていると悪い癖が体に染み付いてしまい、将来的なパフォーマンスを落としてしまう。大切なのは、良い状態のまま打撃練習を終えることだ」

バウティスタはそう説明してくれました。選手たちは限られた時間や本数の中で集中して取り組み、打撃を改善させていく。コーチたちは選手の成長をじっくり見守りながら、長期的な視点で伸ばしていく。短期的な価値観にとらわれず、一度に多くのことをさせないのがポイントだと思います。

また、中学生年代のプログラムから将来を見据え、打撃練習や試合でも木製バットを使用して行うケースがほとんどです。

これまでの説明を整理すると、ドミニカ共和国の仕組みは次のようになります。

①スポーツである以上、試合では勝利を目指す。だが小学生や中学生、高校生など各世代での勝利が最優先されるわけではない。選手、指導者ともに「将来活躍できるか」という観点で評価される

②年代ごとに「今はどういったことに取り組むべきで、どのようなことはまだ必要ないか」という認識が全体に行き届いている。例えば、投内連携のように細かい連係プレーは中学生、高校生年代ではまだ必要なく、メジャーリーグに昇格する際に身についていれば問題がないことをどの年代の指導者も認識している

③試合はリーグ戦で行われるので、選手たちに思い切った投球や打撃、守備、走塁を促しやすい。負けたら終わりのトーナメント戦の場合、勝たなければ次がないのでバントや進塁打など〝細かいプレー〟を求められがちになる。ドミニカではリーグ戦で試合が行われるため、選手はミスを恐れるのではなく思い切ってチャ

> レンジしやすい。指導者は目先の勝利より、選手の育成を最優先する

こういった背景（育成の仕組みと指導方法）から、結果的にドミニカから多くのメジャーリーガーが誕生していると考えられます。

ただし、私が着目しているのは結果としてのメジャーリーガー輩出数ではありません。日本にはこれまで野球が発展してきた独自の背景がありますし、現在のシステムをすべて変えることが現実的ではないことも認識しています。

一方、全体のシステムをすぐに変えることができなかったとしても、当事者たちの創意工夫でできることがあります。指導現場に立つ各自がコーチとしてのあり方を見つめ直し、果たすべき役割を肝に銘じて活動することです。

その上で、選手の将来によりフォーカスした仕組みづくりを行っていく。これが日本球界を現在以上に成長させるために必要なことだと思います。

指導者のあり方は2・3章、選手を大きく育てる仕組みづくりは4章・5章で詳しく述べていきます。

第2章

勝利至上主義を考える

近年、勝利至上主義の是非がよく議論されます。その際に前提として、日本では学童野球から社会人野球までトーナメント戦中心で行われていることを踏まえる必要があります（大学のリーグ戦は勝ち点制ですが、全国大会はトーナメント戦）。つまり、勝たなければ次がない。言い換えると、負ければ終わりなので、どうしても勝利至上主義に陥りやすい仕組みで行われているわけです。

だからこそ私は5章で詳しく紹介する「リーガ・アグレシーバ」のようにリーグ戦の導入を訴えていますが、現実的に考えると、すぐに新たな方式を取り入れるのは決して容易ではありません。

一方で、即座に変えられることがあります。指導者のマインドです。これは心持ちの問題なので、個人の考え方次第でどうにでもなる話です。

そこでまず考えたいのは、勝利至上主義とはそもそもどういう意味合いなのかということです。じつは明確な定義がなく、曖昧な言葉だと感じます。

スポーツをする以上、どんな試合にも必ず勝ち負けがあります。試合の結果は競技スポーツ（プロや社会人など）と生涯スポーツ（小中高生やシニア以降）では意味合いが変わってくるので、ここでは後者の話を中心にさせてください。本書の読者の皆さんには、育成年代を想定してもらうとわかりやすいかもしれません。

まず、試合で勝つか負けるかは〝一瞬〟の出来事です。本書の「はじめに」で述べたように、勝利を目指して試合に臨むことが不可欠になる一方、育成年代にとってより大切になるのは試合中の〝プロセス〟です。

試合でうまくいったことや自分の思うようにプレーできなかったこと、必死でプレーする中で感じたことなどを通じ、選手としてどのように成長していけるか。試合で勝敗がついた後、結果や内容を踏まえて〝次〟の試合にどう臨んでいくか。選手として成長する上で重要になるのは、〝次〟の試合までにどんな取り組みをするかです。だからこそ、目の前の試合で全力を尽くすことが不可欠になる。「楽しければいい」と本気でプレーしなければ、〝次〟に向けて得られるものは少ないからです。試合では楽しみながら、全力を尽くすことが重要になります。

そうして普段から取り組んでいく上で、成長の幅を少なくしてしまう外的要因がトーナメント戦という方式です。勝たないと次がないから、内容や過程よりも結果が何より重要になる。極言すれば、「どんな手を使っても相手に勝たなければならない」という思考に陥りかねないわけです。

例えば、８対０から勝っているチームが盗塁を仕掛けるのはアリでしょうか。ＭＬＢやプロ野球では「アンリトゥンルール（Unwritten Rule――文字どおり明文化されていないルールで、慣習のようなもの）」があり、大差で勝っているチームが小技を仕掛けるのは卑怯だという考え方があります。個人的にはそのとおりだと思う一方、野球という競技ならではの事情も絡んでくる話です。

サッカーの場合、試合時間が残り15分で10対０とリードしていたら、限りなく１００％に近い確率で勝利できるでしょう。前後半の90分とアディショナルタイムを経過すれば、試合終了になるからです。

対して野球の場合、試合時間に制限がないため、10対０の試合終盤でも逆転劇は十分に起こり得ます。たとえそれが最終回であったとしても、交代した投手がストライクをまったく投げられなかったら、相手に点数をどんどん与えてしまいます。一定の時間になれば試合終了になるわけではなく、勝っているチームは自力でアウトをとって試合を終わらせなければならない。ゲームセットにするには投手がストライクを投げ込んでいく必要があります。事実、高校野球の地方大会で大逆転劇が起こることは決して珍しくありません。年齢が低ければ低いほど選手としての成熟度も下がるので、その確率は高まると言えるでしょう。

ここで考えてほしいのが、それがリーグ戦なら仮に1敗しても、次に取り返すチャンスがあるということです。しかしトーナメント戦の場合、絶対に敗北は許されない。だから、大差で勝っていても盗塁や送りバントを選択するようなことも起こっている。また、客観的にはセーフティリードに見える7点差以上の試合でもエースを完投させるケースもあります。これらは、トーナメント戦がつくり出している〝文化〟のように感じます。

サイン盗みはなぜいけないのか

アメリカで発祥した野球という競技には、独特な慣習が数多くあります。例えば、球審が「ストライク！」とコールする理由をご存知でしょうか。以下は、アジア野球連盟審判長の小山克仁さんに教えてもらった話です。

「ストライク！（Strike!）」とは日本語に直訳すると「打て！」という意味ですが、野球にはもともとストライク、ボールという判定はありませんでした。ピッチャーは、バッターが打ちやすいところに投げて打たせるところから競技が始まっていたのです。ところが試合を重ねるにつれてピッチャーが打ちにくい球を投げるようになったり、バッターが打ちたい球以外を見逃すようになったりし、審判が「打ちなさい」という意味で「ストライク！」と判定するようになりました。

反対に、ピッチャーが打ちやすいところに投げなかった場合は「アンフェアボール」と宣告する。そのボールは「良くない」という意味です。それが短縮され、「ボール」と言われるようになりました。つまり、野球はもともと打つことが前提にある競技と言えるのです。

その延長で考えていくと、サイン盗みがなぜいけないのかも理解できると思います。２０１７年にＭＬＢのヒューストン・アストロズが大掛かりなサイン盗みを行ったことが発覚しましたが、サイン伝達は〝卑怯〟な行為として禁じられています。ファンのブーイングもすさまじいものがありました。

日本の高校野球で時折あるとされるのが、二塁まで進んだ走者が相手捕手のサインを読み取り、指のサインなどで打者に球種を伝達する行為です。日本高校野球連盟はサイン盗みを禁止しています。その理由としては、投手対打者は「１対１で正々堂々と勝負するもの」と考えられているからでしょう。野球の伝統的価値観から考えると、フェアプレーに反するわけです。

育成の視点からも、サイン盗みの問題点を指摘することができます。事前にどんな球種が来るのかわかっていないと打てない場合、上のステージでは成功できないでしょう。選手としての能力を向上させるためにも、サイン盗みをしないで打席に入るほうが伸びていくことは間違いありません。それなのにサイン盗みをしてでもチームの勝利を目指すのは、選手の能力を伸ばすより、目の前の勝利を重視していることになります。それこそ、悪い意味での勝利至上主義です。

対戦相手の位置づけ

勝利至上主義の是非と関連するのが、スポーツマンシップという思想です。

「宣誓！　我々選手一同は、スポーツマンシップに則り全力を尽くすことを誓います」

甲子園大会などの開会式で、選手宣誓で必ず言われていたセリフです。近年の選手宣誓はオリジナリティを出すためか、先述の内容を聞かなくなった印象ですが、個人的にはすごく大事な宣言だと思います。

では、読者の皆さんはスポーツマンシップの意味をどのように捉えているでしょうか。

もちろん個々で異なると思いますが、よくあるのが「フェアプレー」という意味合いです。もちろんフェアプレーもスポーツマンシップに含まれますが、逆に言えばラフプレーやダーティプレーをしなければいいというわけではありません。スポーツマンシップにはもっと深い意味が込められているのです。

スポーツをする上で不可欠な存在が、自分以外の存在です。対戦する相手選手やチーム、味方になるチームメイト、審判です。一緒に試合をする相手がいなければ、スポーツの試合は成立しません。

対戦相手は試合で一つの勝利を目指して競うことから「敵」と表現されることもありますが、果たして本当にそうした位置づけでしょうか。スポーツマンシップの考え方では、対戦相手は「仲間」です。お互いの勝利を目指して全力でぶつかり合い、「試合」をより良いものにしていく。互いに鎬を削り合うからこそ、ともに成長していけるわけです。本気で勝負しながら互いを高め合うという、相反することを実現させていく点にスポーツの価値はあると思います。

逆に言えば、サイン盗みや大差での盗塁が良くない理由は、「仲間」に対してそうした行為はしないはずだからです。大差がついている状況でも、打席に立てば全力で打ち返しにいく一方、セーフティバントで揺さぶるようなことはしない。スポーツマンシップの観点に立てば、この差をわかってもらえるのではないでしょうか。全力を尽くして戦うが、倒れている相手を踏みつけるようなことはしないという意味合いです。

当然野球もスポーツに含まれるので、スポーツマンシップは極めて重要です。それなのに勝利至上主義に陥り、「負けたら次がないから」と、ともすれば卑怯に映るような手も厭わない。そうした選択が時として起きてしまうのは、一発勝負のトーナメント戦で試合が行われている影響が大きいからだと私は考えています。相手を「敵」と捉え、なんとしてもやっつけようという選択をしてしまう。このような考えの下で競技が行われているとして、果たしてその競技を選んでプレーする選手、子どもにプレーさせたいと考える保護者は増えるのか。そうした観点について、常にスポーツに携わる者は考えていかないといけないと思います。

ドミニカ流の声かけ

ドミニカのドジャースのアカデミーでコーチを務めるバウティスタの印象的な言動があ

ります。私が見ていたアストロズのアカデミーとの公式戦で、チャンスで内野ゴロに終わった選手がファーストベースを駆け抜けた直後にすごく悔しそうにしていました。すると攻守交代でファーストコーチャーズボックスに向かったバウティスタがその相手チームの選手に駆け寄り、肩をたたいたり、声をかけたりしていました。

相手チームの選手に対し、バウティスタは何を伝えていたのでしょうか。

「チャンスで打てなくて非常に悔しそうにしていたから声をかけに行ったんだ。『きっとまたチャンスは巡って来るし、その時はいいプレーができるはずだから、前を向いてプレーしていこう』と」

なぜ自チームの選手のみならず、公式戦の相手チームの選手にもそのようなアプローチをするのか。理由を聞くと、ドミニカの基本的な考え方を教えてくれました。

「相手選手も一生懸命やっている。ともにメジャーリーガーを目指している選手たちだ。僕らはたまたまドジャースの選手を見ているけど、どこの球団の選手であっても未来ある若い選手だから、前を向いて最大限成長してほしい。悔しさもしっかり噛み締めて次に向かってほしいから、相手チームの選手でも声をかけるんだ」

ただし、引くべき一線があるとバウティスタは続けます。

「相手チームの選手に対し、技術的なアプローチは絶対にしない。それはアストロズのコーチの仕事だから、僕らがそれをやってはいけない。その選手を普段から見ているわけではないのに、一線を越えて言うと、選手を混乱させてしまう。だから技術的な話は絶対に言わないけれど、『次にチャンスが回ってくるから前を向こう』という声は、必要があればどのチームの選手にでもかけている」

スポーツマンシップの観点に立てば、対戦相手も「仲間」となるからこうした声かけをできるのでしょう。理屈ではわかりますが、いざ実践するとなると、当時の私にはできる自信がありませんでした。

そこでバウティスタに聞くと、ＭＬＢでトレードや選手の入・退団が頻繁に行われることと関係があるようです。つまり、自分がいつ相手チームに移ってプレーすることになるかもわかりません。もしそうなった場合、これまで対戦してきた相手に「仲間」として受け入れてもらう必要があります。それなのにヤジばかり飛ばしていたら、相手チームに移ったとき、「あいつ、うちのチームに来なくていい」と思われてしまう。チームメイトとの関係が良くないと、当然、自分の力を出しにくいものです。そうならないためにも、対戦相手も仲間だという気持ちを持って試合をしていくことはすごく大事だというのです。

翻って日本では、プロ野球ではヒットや四球で出塁した選手と一塁手が何やら談笑している場面が見られます。プロ入り初ヒットを打った選手に対し、一塁手が「おめでとう」と塁上で声をかけるシーンも珍しくありません。

一方、高校野球でそうした場面はほぼ見られません。指導者に普段から「相手にスキを見せるな」と言われていることもあるのか、対戦相手とほとんど交わらない。「絶対に負けられない、倒すべき相手」という関係性が強くなりすぎて、一塁ベンチと三塁ベンチで〝分断〟されてしまう。そうした関係にあるのはすごくもったいないと感じます。本来、スポーツをしながらお互いを高め合う間柄のはずであるからです。

高校野球でも試合は一生懸命戦う一方、ゲームセットが告げられた後は、もっと積極的に交流していけばいいいと思います。

スポーツから得られるもの

改めてですが、そもそも人はなぜスポーツをする（または、携わる）のでしょうか。

競技を楽しみながら、人として成長していくためだと私は考えています。どのように周囲の人たちと接すれば、自分自身の成長に最もつながっていくのか。私は常にこの点を考えながら、スポーツを通して多くの人たちと接しています。

勝利という結果は称えられるべきですが、そもそも勝利を目指す過程において成長でき、友情が育まれると思います。そこにスポーツをする価値があり、その価値を最大化するためにお互いが勝利を目指す。相手チームも含めてお互いを尊重し合い、どんな困難も乗り越える覚悟を持って取り組む。どんなにプレッシャーのかかる場面でも自分と仲間を信じて、勇気を持ってプレーする。そこに最大の価値があると思っています。

勝利しか価値がないと考えると、勝ったチームに成果があり、負けたチームには成果がなかったとなってしまいます。そうではなく、スポーツに内包される価値を追求するような仕組み、取り組みを進めていく必要があると思います。

そもそも前提として、スポーツは自主的に行うものです。やりたくなければ、やらなくていいものです。

それなのに少年野球の現場でよく見るのが、人前に出ると引っ込み思案になったり、チャンスやピンチで自分のプレー機会が回ってくると緊張して、「うわあ」と尻込みしたりしてしまう子ども。失敗してはいけない……と思ってしまう少年少女たちも増えているように感じます。

もちろん誰もが失敗したくないでしょうが、野球にミスは付きものです。ミスしてもいいと考えるなら、それはお気楽な気持ちでできるレクリエーションです。成功したい、ミスしたくない、周りに迷惑をかけたくない……という気持ちはあっていいものだと思います。

でも勝利至上主義の環境に置かれると、「失敗して怒られるのが嫌だ」と考えてしまいがちです。特に発展途上の子どもはそうでしょう。失敗したくないから、チャレンジしないほうがいい。そもそも打席に立たなければ、三振することは絶対にありません。実際、高圧的な指導者の影響で、そのように考えている強豪野球部の選手たちもいました。

そもそも私たちがスポーツをやってみようと思う動機は、うまくできるか、できないかはわからないけれど、「自分もやってみたい」という挑戦心が湧き上がってきたからだと思います。積極的にチャレンジを重ねていく中で、できることが一つひとつ増えていき、だんだん力がついてきたと前を向ける。その過程では当然、失敗のほうが多いと思います。そこで出番になるのが、隣で見守っている指導者です。

「スポーツには失敗が付きものだ。試合ではどちらかが必ず負けるから、ベストを尽くしたのならその結果に対して下を向くのではなく、糧にしながら次の試合に向けて課題を克服していこう」

そうやって指導者が前向きにサポートしていけば、選手はどんどんチャレンジしていけるはずです。

その好例として、バウティスタが教えてくれた話があります。

ある年のサマーリーグで、ピッツバーグ・パイレーツは大きく引き離されて最下位に沈んでいました。ところが、その年のパイレーツアカデミーは約50人の選手を抱える中、８選手がメジャーリーグまで上り詰めたそうです。ちなみに、ＭＬＢ球団のアカデミーでプレーしている選手からメジャーリーグまで昇格できるのは２％と言われています。その年のパイレーツは約16％の選手がメジャーまで昇格しているので、いかに確率が高かったかがわかるでしょう。

その一因について、バウティスタは指導者の声かけだと考えたようです。パイレーツはサマーリーグでなかなか勝てない中、コーチたちは「君たちには素晴らしい能力がある」と鼓舞し続けていたからだと。バウティスタは対戦相手としてパイレーツを見ながら、

「コーチたちが『こんなに負けていては、とてもメジャーリーグには行けない。君たちには才能がない』と言っていたら、それほどたくさんの選手をメジャーリーガーまで育て上げることはできなかっただろう」と感じたそうです。

指導者の普段からの声かけが、選手の未来に大きく影響する事例だと思います。

スポーツマンシップが重要な現代

そもそもの話ですが、人生は、明日がどうなるかさえわかりません。ましてや5年後、10年後なんて、まったく先が見えない。「こうやれば絶対に成功できる」という方法はありません。「この仕事に就けば、将来安泰」という時代は数十年前に終わりました。だからこそ、チャレンジし続けることが重要だと私は考えています。

うまくいかないことのほうが多いけれど、思い切っていろんなチャレンジをしていく中で、成功が待っている。スポーツも同じです。スポーツで失敗を重ねながら前向きに挑戦し続ける姿勢を身につけ、それを人生に活かしていくことが重要です。

もし勉強や音楽など、スポーツの他に熱中できるものがあれば、それでもいいと思います。自分が好きなものに熱意を傾けて取り組んでいけば、得られるものが多くあるはずだからです。

ただしスポーツの特性は、体を動かしながら取り組めることです。そして、試合では必ず勝敗がつく。勝てばうれしいから成長でき、負けたら悔しさから学んで成長につなげられる。

対戦相手がいるので、うまくいかないことが非常に多いのもスポーツの特徴です。一つしかない勝利を目指し、互いに切磋琢磨していく。野球では紙一重の駆け引きが勝敗を分け、三振に打ち取ったピッチャーはマウンドで喜び、逆にバッターは悔しさを噛み締める。明暗の両方あるところもスポーツのいい点だと思います。

勝利を目指す上では、必ず「困難」が立ちはだかります。緊張や失敗を乗り越え、どうやって相手に優っていくか。勝敗の決着がついたら、ナイスゲームをつくり上げた対戦相手と健闘を称え合う。そうして、スポーツに真剣に取り組む少年少女は紳士淑女に成長していくわけです。

繰り返しになりますが、試合では勝利を目指して戦うことが不可欠です。同時に、勝利がすべてになると、「自分は何のためにスポーツをしているのか」という意義が見えにくくなってしまう。だからこそ、スポーツマンシップが大事だと私は考えています。

スポーツマンシップは極めて重要な思想で、昨今、改めて脚光を浴びています。この章では私の体験や学んできたことを中心に綴りましたが、もっと理論的に学びたい方は、一般社団法人日本スポーツマンシップ協会の中村聡宏代表理事が著した『スポーツマンシッププバイブル』（東洋館出版社）をぜひご参照ください。

第
3
章

選手と指導者の良き関係とは？

世界中の野球チームに必ず存在するのが「選手」と「指導者（監督、コーチ）」です。そこで一つ質問させてください。

「チームには指導者がいるから、選手が必要なのでしょうか？　それとも選手がいるから、指導者が必要とされるのでしょうか？」

これは実際、私がドミニカの指導者に問いかけられたことです。

言わずもがな、答えは後者です。

野球チームが成り立つ原理を考えると、指導者が野球を教えたいから、選手が必要になるわけではありません。野球をうまくなりたい選手たちがいるから、彼らを上達に導ける指導者が求められるわけです。

特に幼稚園や小学校の低・中学年など、スポーツを始めたばかりの子どもたちはまだまだ未熟です。中学生や高校生になると大人の階段を上っている途中ですが、それでも経験値がまだ少なく発展途上です。プロ野球でも二軍の選手や、一軍でレギュラーに定着していない選手には指導者のサポートが必要だと思います。そもそも自分の気持ちをコントロールしながらベストのパフォーマンスを発揮するのは、大人でも簡単なことではありません。

スポーツをやったことのある人ならわかると思いますが、練習や試合では自分の思うようにいかないことがたくさんあります。

イライラすることもあるし、投げ出したくなるときもある。同時に、うれしい瞬間もある。選手たちには喜怒哀楽があるからこそ、指導者がうまく寄り添ってあげる必要があるのです。

極端な話ですが、例えば高校生の段階で現在のダルビッシュ有選手や大谷翔平選手くらい実力を備えた球児がいるとします。その場合、指導者は必要でしょうか。どういった場面でも自分をコントロールして最高のパフォーマンスを発揮できるなら、指導者に教わらなくても素晴らしい活躍をできる。だから指導者は必要ないと思います。

しかし実際には、そんな選手は存在しません。だからこそチームには指導者が必要とされるわけです。

そのように考えていくと、選手と指導者の理想的な関係性は自ずと明確になっていきます。

指導者と選手、どっちが上？

「お前はなんでこんなプレーもできないんだよ！」

野球の指導現場で時折、指導者から耳にするセリフです。嘆くように言う人もいれば、怒鳴りつける指導者もいます。

でも、「なんでできないんだ？」と言う時点で、指導者が存在する意味はなくなってしまう。一緒にできるようにしていくのが指導者の役割だからです。

そもそも指導者＝「コーチ」の語源はギリシャ語にあり、「馬車」という意味です。英語で「Ｃｏａｃｈ」と言うと、「バス」という意味もあります。

つまり、Ａ地点からＢ地点に連れていくのがコーチの役割です。言い換えれば、指導者の仕事は選手が望む場所に送り届けること。野球で言えば、選手ができるように寄り添っていくことが求められるわけです。

ではなぜ、日本の指導者は大声で怒鳴りつけてしまうのでしょうか。

一つは、環境要因が大きいと思います。ほとんどの大会はトーナメント戦で行われるので１回も負けられません。勝つことが次の試合に進む条件であるため、指導者にも勝利へのプレッシャーが過剰にのしかかり、選手にすぐに結果を出すことを求めてしまいがちです。

もう一つは、選手とコーチの関係性です。大人のコーチに対し、育成年代の選手たちは学生です。年の差も20歳以上離れていることが大半だからでしょうか、コーチたちからしばしば聞かれる言葉があります。

「選手に舐められてはいけない」というものです。

舐められるというのは、本来は自分の立場が上であるはずなのに、下の者から見下されるということです。チームを指揮する者にとって受け入れ難い状況かもしれませんが、そもそも「舐められてはいけない」という時点で、〝指導者が上、選手が下〟という関係性ができ上がっています。

日本では昔から選手とコーチの関係はそのように考えられてきましたが、両者が上下関係になるのは伝統的価値観とも関係があります。我が国では古くから年功序列が重視され、年長者は敬うべきだという考え方があるからです。もちろん、自分よりたくさんの経験を積まれてきた方を敬うのは大切です。

でもスポーツにおいて、同じ人間である選手と指導者は対等であるべきだと思います。

両者の間にリスペクトは存在するべきですが、「選手に舐められてはいけない」となるのは違う。もしコーチがそのように振る舞うと、思考がネガティブな方向に行き、いろんなことを厳しい口調で言うようになるからです。そうして選手たちとの距離はどんどん離れてしまい、選手たちは「はい」「わかりました」しか言えなくなる。いわゆる〝恐怖政治〟に陥り、コミュニケーション不全になります。そうなるとコーチの指導がハラスメントのように行きすぎても、周囲が止められなくなります。現代の子どもたちの気質を考えても、そうしたチームがうまくいくはずがありません。

一方、指導者が選手たちをリスペクトし、対等な関係で付き合おうとしたら、「舐められる」ような間柄にはならないと思います。具体的なアプローチは後述しますが、指導者は「自分が上の立場だ」という考えや振る舞いをせず、選手たちの成長のために何ができるかを考える。「ここから成長していくために、どんな練習をしていこうか？　こんなメニューをやれば課題克服につながると思うよ」と選手にとって必要な提案をしていければ、互いのリスペクトは深まっていくはずです。

もし「なんでできないんだ！」という感情が芽生えたときには、「できない選手がいるから自分がここに存在しているんだ」という意識を持つことが大切だと思います。

選手をリスペクトしよう

コーチと選手の関係性で言うと、前者のほうが上になりがちなのはドミニカでも同じです。どの選手に多くの出場機会を与えるのか、プロなら誰の契約を延長してどの選手は打ち切るのかなど、いわゆる〝人事権〟を握っているのはＧＭ（ゼネラルマネジャー）などフロントスタッフやコーチだからです。

指導者は選手の〝その後〟に影響を及ぼす存在だからこそ、よく言われるのが「選手をリスペクトしなさい」ということです。

言うまでもなく、三振したくてする選手はいませんし、ミスをしたくて犯す人もいません。人間なので誰しも、普段より弱気になっていたり、自信をなくしていたり、気分が乗らなかったりする日もあるはずです。

でも、誰しも根底には「活躍したい」という気持ちを持っている。みんな、いいプレーをしてチームの勝利に貢献したいと思っています。

だからこそ、選手の根底にある気持ちをコーチはリスペクトしてあげるべきです。

具体的にはどうすればいいでしょうか。例えばドミニカでは、選手がいいプレーをしたときには顔と顔を向け合い、「今のは良かった」という意味を込めてコーチからグータッチを求める。ツーベースを打った選手は、ベンチに向かって右手を挙げて「よっしゃあ」という喜びを伝える。指導者は選手と同じ目線に立ち、「君がいいプレーをして、僕もうれしいよ」と全身で伝えていくのです。それに対し、選手も同様に喜びを示します。

逆にエラーをしてベンチに帰ってきた選手には、コーチが横から肩やお尻をポンとたたいて、「大丈夫だから、気にするな」とメッセージを送る。そうした積み重ねが選手とコーチの信頼関係につながっていき、選手は「次こそ頑張ろう」と前向きに取り組んでいけるようになります。

日本でもプロ野球の場合、阪神タイガースの岡田彰布監督は活躍した選手をハイタッチで称えています。勝利した直後、どの球団でも監督、コーチが選手たちとハイタッチを交わして迎え入れています。

ところが学生野球の指導者には、「選手とグータッチすることなんてできない」と言う人がいます。学校で普段、「先生と生徒」という関係であるからか、または野球部の顧問が生徒指導主事を務めて厳しい指導を求められる立場にあることが多いからか、スポーツチームの「監督と選手」になっても対等な目線に立てないのです。

でも選手の立場からすれば、タイムリーヒットや好プレーでベンチに帰ってきたとき、監督がグータッチで迎えてくれたらうれしく感じるのではないでしょうか。

指導者のちょっとした振る舞いで、選手たちに大きなモチベーションを与えられます。選手がパフォーマンスを高めることや、成長していくこと、目の前の試合で勝つことを考えても、一緒に勝利を目指す仲間であったほうがいいと思います。

そうした関係になるためにも、ドミニカのコーチは選手と同じ目線に降りていきます。そうすることで両者が対等になり、本音でコミュニケーションを図れ、信頼関係を築くことができるからです。

指導者に求められる観察力＆忍耐力

選手と指導者が対等な関係になれば、当然コミュニケーションを図りやすくなります。もちろん急に関係性をガラッと変えるのは難しいかもしれませんが、指導者は選手の成長に寄与していく必要があります。少しずつ関係を変えていったほうが、コーチングもやりやすくなるはずです。

そこで問われるのが、どんなタイミングでどのようなアドバイスをしてあげられるか。その肝になるのが、「観察力」と「忍耐力」です。

選手たちに対し、「怒ってはいけない」という話を先述しました。そのイメージが強すぎると、「黙って見ていればいいんですね」となるコーチもいます。

しかし、単に見ているだけでは十分ではありません。今日のパフォーマンスは、昨日からどう変化しているか。先週の試合ではうまくできていたのに、今日の練習で失敗ばかりしているのはなぜか。ジッと目を凝らし、その理由がどこにあるのかを観察していきます。じっくり見守っていくことで、どこに原因があってうまくできないかがわかるようになっていくでしょう。その上で「こうしろ」と言うのではなく、選手から意見を求められたときに的確に伝えられたり、「こんなメニューもあるよ」と提案してあげられたりするのが文字どおり〝コーチ〟の役割だと思います。

日本の指導現場を見ていて感じるのが、選手側からコーチに質問する機会が少ないことです。

「ここをもっとうまくなりたいんですけど、どうすればいいですか？」

「どういう練習をすれば、この課題を克服できますか？」

選手からそうした問いかけが出るようになると、コーチはなんとか解決してあげたいと必死で考えます。そのとき、選手のことをじっくり観察しておかないと的確なアドバイスはできません。

さらに各自の性格を見極め、Ａ選手には「この練習をすれば、君のスイングは良くなると思う」とストレートに伝える一方、Ｂ選手には「今はアッパースイングになりすぎているから、もう少し入射角を抑えたらどんな打球になると思う？」などと考えさせる話をしたほうがうまくいくことがあります。選手たちの性格や考え方を理解し、アドバイスの仕方を変えていくのもコーチの手腕です。

また、選手たちが自ら聞いてこられるような環境づくりや、コーチの振る舞いも大事になります。積極的に意見を言えない選手に対しては、野球ノートに書いてもらって紙ベースでやり取りする。今どきの選手なら、ＬＩＮＥを使ったほうがコミュニケーションをとりやすいかもしれません。

どのタイミングで、どんな伝え方をすれば、最も選手の胸に響くか。それらを見極める「観察力」と、選手にとって必要なタイミングまで待つ「忍耐力」はコーチにとって極めて重要な能力です。

ドジャース名コーチの絶妙な声かけ

私はグアテマラにJICAの企画調査員として駐在している頃、「これが優秀なコーチの能力だ」と目の当たりにした瞬間がありました。ドジャースの協力を得てバウティスタを招聘し、同国を含めて中南米で野球がまだ盛んではないエルサルバドル、コスタリカ、エクアドル、ペルーの指導者に対する講習会を開催したときの話です。

バッティング練習ではバウティスタが打撃投手を務め、グアテマラの中学生世代をモデルに実技指導を行ってもらいました。すると、ある選手が後方にファウルを打ったのです。バッティング練習の前にティー打撃を行い、バウティスタは理想的な打ち方を伝えていました。当該選手はまさにその打ち方をして、いいスイングができていたのです。しかし、タイミングがほんの少しずれて、後方へのファウルになりました。

居合わせた指導者たちにとって、単なる打ち損じに見えたと思います。そのファウルに対し、何の反応もありませんでした。

私が「惜しい！」と思った瞬間に、バウティスタはその選手に笑顔で大きな声をかけました。

「¡Me gusta tu intento!」

直訳すると、「君の今のチャレンジを僕は気に入ったよ！」という意味です。つまり、「今、君が試みたスイングはすごく良かった！」とはっきり伝えたのです。

後方へのファウルなので、結果としてはいいものではありません。でも、その選手はドジャースのコーチからトライしたことを認めてもらい、「自分は正しい方向に向かっている」と理解することもできた。だから満面の笑みを浮かべ、次の投球に対して思い切りバットを振りました。左中間に痛烈なライナーが飛んでいったことを今でも鮮明に覚えています。

このように、指導者は結果だけでなく、内容まで見極めて声をかけることが求められます。ヒットを打てた、試合に勝てたというのは誰にでもわかる事象ですが、たとえ思うような結果が出なかったとしても、チャレンジに対する評価を伝える。その能力が極めて大切です。選手が何をしようとしているのかを把握し、そのプロセスを見ながら声をかけるためには先述した「観察力」も必要になってきます。

グアテマラで見たバウティスタの声かけは、指導者として多くのヒントが詰まっていました。単なるファウルでもコーチがしっかり見ていてくれれば、選手は「コーチはこんなところも見てくれているんだ」「ファウルになったけど、アプローチを評価してもらえた」「このコーチにもっといろいろ教わりたい」となる。あの選手の笑顔には、前向きな思いがあふれていたように感じました。

コーチが一定以上の指導力を備えていれば、選手からのリスペクトは必ず得られます。もし両者が対等な関係にあっても、コーチの技量や心配りが選手に伝わり、尊敬の眼差しを向けられるはずです。

一瞬の出来事でしたが、そう気づかせてもらいました。

アドバイスを送るタイミング

言うまでもなく、コーチが存在するのは選手を成長に導くためです。そのためには、選手が最も耳に入れやすいタイミングで声をかけることが重要です。私はドミニカでそう学びました。

例えば、試合中に守備で気になるプレーがあったとします。指導者はその意図や動き方を選手に確認し、必要なら修正しようとするでしょう。ポジショニングやカバーリングの位置、バッテリーの配球も同様だと思います。

野球には攻守交代があるため、選手たちが守備から戻ってきたら、すぐに気になる点を伝えようとする指導者が少なくありません。でもドミニカでは、打席に向かう前に守備の話をするべきではないと考えられています。

守備でミスをした選手がベンチに帰ってきて、次の攻撃で３人以内に打席が回ってくるとしましょう。その場合、指導者は守備のミスについて指摘せず、選手に頭を切り替えさせて、打席に集中できるようにして送り出すべきだとされています。

なぜなら守備に関する確認やアドバイスは、打席が回って来そうにないイニングや、打席を終えて守備に就く準備をしている際に行えばいいからです。そのほうが選手たちも耳を傾けやすく、自分の話もしやすい。だから試合に集中できるというのです。

翻って日本の場合、打席に向かう直前に守備の指導をするシーンを時折見かけます。逆に自チームの攻撃が２アウトになり、守備に就く準備をしている際に打撃のアドバイスをしている光景にもよく出くわします。でも選手たちは次のプレーに切り替えようとしていることを考えると、果たしてこのタイミングで指導者が声をかけるのはベストなのでしょうか。

グラウンドでプレーする選手たちには当然、耳を傾けやすい場面や状況があるので、指導者自身が絶妙に見極めることが重要になります。

選手が本音で話しやすい環境づくり

コミュニケーションを密に図るには、選手と指導者の関係性も重要です。両者の関係性を表す上で、日本とドミニカでは対照的な光景をよく目にします。

日本で練習中や試合後によく見るのが、指導者が選手を集めて話しているシーンです。対してドミニカでは試合後、選手が指導者のところに行って意見を求める場面をよく見かけます。走塁や守備などで判断に困ったプレーについて、選手から「あの場面ではこう考えたからあのプレーを選択したけど、良かったと思いますか?」などと指導者にアドバイスを求めにいくのです。

日本では、そうして選手が指導者に聞きにいくことは決して多くないと思います。だから、指導者から選手たちを集めて話をする必要があるのかもしれません。

では、ドミニカではなぜ選手から積極的に質問にいくのでしょうか。バウティスタに聞くと、逆に質問されました。

「まず、指導者の数と選手の数を考えてほしい」

日本の高校野球と比べ、ドミニカのＭＬＢ球団のアカデミーは多くの指導者を抱えています。豊富な予算のある強豪私学では監督、部長、投手&打撃コーチ、さらに外部コーチやトレーナーがいるかもしれませんが、公立高校の場合はそうはいきません。監督、コーチ、部長、そして臨時でやって来る外部指導者が数人というのが平均的でしょうか。

対して、ドミニカのアカデミーは１チームに40～45人の選手を抱える中、監督、打撃コーチ、投手コーチ、内野守備コーチ、外野守備・走塁コーチと５人程度のコーチに加え、トレーナーも在籍しているケースが多いです。サマーリーグに２チームを参戦させる球団の場合、指導者の数も倍になります。つまり80～90人の選手に対し、10人前後の指導者がいることになります。

とはいえ、指導者より選手のほうが圧倒的に多く所属しています。

そうした状況の中で指導者は、選手それぞれの成長をサポートすることが役割です。各選手がどのように考え、どんなことに迷い、何が理解できていないのか。みんなに同じ内容を話しても、当然個人差があります。だからこそ選手自身から胸の内を聞かせてもらわなければ、各々に合った指導はできないとバウティスタは言います。「指導者が『勝利するためにこの方法でやれ』と選手に命じるのではなく、一人ひとりの成長のためには個々の現状を聞き出すことが重要だ。そのためには普段の練習から、選手たちが話しやすい雰囲気をつくっていくことが大切になる」と。

もし指導者が必要以上に選手と距離をとったり、立場が上であることをかざしたりすれば、選手たちにとって話しにくい状況になります。正直な思いを語ってくれず、〝わかったフリ〟をするかもしれません。

そうではなく、「指導者と選手」と立場は違うけれども同じ人間として対等であるというスタンスを示し、冗談も含めて笑顔でコミュニケーションをとる。指導者側から「思っていることを何でも話していいんだよ」という雰囲気をつくっていくことが大事です。そうして選手から話しに来たら、どんなことでも彼らの立場になって聞き、一緒に考えていく。

以上のように指導者が日頃から望ましい環境をつくることが、選手からの質問を引き出すことにつながっていくのだと思います。

「Mira, Escucha, Calla,y Trabaja duro.」

バウティスタは指導者としての仕事をこう表現しました。

見て（選手を観察して）、（選手の言葉を）聞いて、自分は黙って、しっかりと働く（打撃投手やノックや選手の成長につながるアプローチをして汗をかく）。それが指導者である自分の役割だと言うのです。

「明日は必ずやって来る」

普段はコミュニケーションしやすい環境をつくる一方、大事な試合で負けて選手がうつむいているとき、指導者や保護者はどのような声かけをするのがいいでしょうか。

日本の学生野球では、試合直後にミーティングをしている場面によく出くわします。意図どおりにできなかったプレーや、チャンスでの凡退、守備でのエラーなどを取り上げて「なんでできないんだ」などと声を張り上げている指導者も中にはいます。もちろん、次の試合に向けて改善することは必要です。

しかし、怒気を込めたような伝え方が的確でしょうか。

中学生や高校生になれば、自分がチャンスで打てずに負けたことや、自分のミスがきっかけとなって勝利を逃したことは誰よりわかっています。痛恨の思いを抱える試合後、チームメイトの前で指導者から叱責されるように言われたら必要以上に落ち込んだり、反発したりしても不思議ではありません。

一方、同じような状況のとき、ドミニカの指導者がよく行う声かけがあります。

「Levanta la cabeza, pasa la página, mañana es otro día.」

日本語に翻訳すれば、「頭を上げよう、ページをめくるんだ、明日は別の日だ」という意味になります。

ドミニカの選手たちが行うのはリーグ戦なので、必ず明日がやって来る。だからこそ言える言葉なのかもしれません。でもトーナメント戦で敗れて次の試合に進めなくても、頭を上げて、ページをめくって、別の日である明日を迎える。そこから次に向かっていくこと自体は、リーグ戦もトーナメント戦も変わりはありません。大袈裟かもしれませんが、選手たちの人生は続いていきます。

「¡Es una parte del juego!」

ドミニカで小学生たちの試合を見ていると、保護者たちからこの言葉もよく耳にします。チャンスで三振したり、ピンチで打たれたりした投手にかける言葉で、直訳すると「それはゲーム（試合）の一部だよ！」という意味です。

三振もエラーも、相手に打たれることも野球では起こり得ます。だから、「何を気にする必要があるの⁉」と。そうやって励まされ、選手は前を向いて次のプレーに挑んでいくのです。ドミニカの子どもたちはそんな指導者や保護者に囲まれてプレーし、試合を重ねながら成長していきます。

自分はうまくできると信じてプレーし、そばで見守る指導者や保護者はプロセスを大切にしてくれる。結果が良ければ一緒に喜び、思いどおりのプレーをできなくても常に励ましてくれる。いつも周りの大人からリスペクトを受け取り、将来の飛躍に向けて成長していきます。

対して残念ながら、もちろん一部ではあるものの、日本では部活動やスポーツの現場で暴力事件や体罰・ハラスメント問題が後を絶ちません。そうした事実をドミニカの17、18歳の選手たちに伝えると、逆にこう聞かれました。

「あなたたちの国には、指導者から選手へのリスペクトは存在しないのか？」

ドミニカでは、指導者から選手へのリスペクトが当たり前のように存在します。日本にそれがないとすれば、選手たちは何を頼りにプレーすればいいのか。彼らの悲しそうな表情が胸に突き刺さりました。

逆に言えば、ドミニカでは指導者と選手の信頼関係がどのチームでも存在するということです。すでに紹介した彼らのアプローチを参考に、日本でもリスペクトし合える関係性を増やしていく必要があると感じます。

指導者と選手は「チームメイト」

試合におけるチームの目的は、勝利することです。世界中のあらゆるチームが、試合では勝つことを目指して挑むでしょう。

言うまでもなく、指導者と選手は同じ目的に向かって力を合わせる〝仲間〟です。監督は起用法や作戦などを考え、選手は文字通りプレーヤーとしてグラウンドで力を発揮する。両者には「チームの勝利」という共通の目標があり、試合をモノにするためにはいかに協力関係を築けるかが重要です。

それなのに、指導者と選手が対立し、お互いを信頼できない……という関係性になってしまうチームも中にはあります。選手がベンチを信頼できなければ、チームとして勝利するのは難しくなってしまいます。

ビジネスに置き換えて考えてみましょう。会社で上司と部下がいがみ合い、お互いを嫌っている関係では良い業績を上げることはできないはずです。逆に〝なあなあ〟の関係で緊張感がなければ、世の中に大きな影響を与える商品や企画を開発できないと思います。「上司と部下」と立場は違うけれど、お互いが同じ目的のために取り組む仲間だという認識は決して忘れてはいけないものです。

野球の場合、年長者や、経験値が選手より豊富な大人が指導するケースが大半です。だからこそ指導者は、選手がミスを恐れず、常に積極的にプレーできるようにサポートする。そして喜びを分かち合い、悔しい結果に終わった後は前を向けるように励ます。そうやって選手と指導者が仲間として同じ方向に向かっていければ、結果として、より良い未来につながっていくはずです。

第4章

堺ビッグボーイズの取り組み

私が2019年から2023年夏まで監督を務めた（2023年9月からは小学部・中学部を統括する総監督に就任）堺ビッグボーイズは1985年に発足し、大阪府堺市を本拠地として活動しているチームです。もともとボーイズリーグに所属する中学硬式野球チームとして誕生し、2015年から小学部も開設しました。卒団生には筒香嘉智選手（サンフランシスコ・ジャイアンツ傘下）、森友哉選手（オリックス・バファローズ）、入江大樹選手（東北楽天ゴールデンイーグルス）らがいて、2度の全国制覇を果たしたこともあります。以前は周囲のチームと同様、長時間で厳しい練習をしていました。

反面、ビッグボーイズは中学時代に結果を残すものの、その後に伸び悩んだり、高校3年の夏を終えると「もう、野球はいいや」とやめる子が多かったりするなど、元監督でチームのGMを務める瀬野竜之介は「こっちはこんなに一生懸命教えて中学時代に最高の結果が出ているのに、なぜ高校以降に伸びていかないのだろう」と思っていたそうです。

瀬野が改めて周囲のチームを見回すと、どこも同じような状況でした。そうした事実を見つめ直すうちに、ふと気づいたそうです。「もしかしたら、自分たちの指導法は子どもたちの将来のためになっていないのではないか」と。そうして2009年、森選手が中学

2年の頃にチームの方針を180度変えることになりました。

簡潔に言うと、「やらされる練習」から「自分でやる練習」へ。以前は土日の練習時間が朝8時から夜の6、7時頃までだったのが、昼の2時までに短縮しました。同時に正午以降は自主練習とし、塾や家族と出かけるなど他にやることがあれば、帰ってもいいとしたのです。当時から10年以上が経った現在、さまざまな意見も踏まえ、基本的に全体練習を午後2時までとし、残りたい選手は最大1時間の自主練習としています。

中学生からすれば、いきなり「自分で考えなさい」と言われても、すぐにはできないと思います。実際、最初は戸惑ったようですが、1、2カ月が経つと、自主的に練習する選手が出てきました。周囲の選手たちも見よう見まねで続き、みんな、自分自身で考えたメニューを始めるようになっていきます。大人の顔色を窺わず、自ら動くようになりました。

個々が時間の使い方を考えるようになったからか、全体練習でもキビキビ動くようになっていきました。指導者からメニューが与えられる場合でも、「やらされる練習」から「自分でやる練習」に変わっていったのです。

全力疾走＝チームへのリスペクト

同時に打ち出したのが「勝利至上主義」から脱却し、選手たちが将来大きく羽ばたけるような環境をつくっていくことでした。

監督だった瀬野がチームの方針をそう伝えると、最初は選手や保護者から「負けてもいいんですね」「楽しんでプレーすればいいのですね」という声も聞こえたそうです。でもスポーツをする以上、勝利を目指すのは言うまでもありません。連戦の中で投手を連投させることや、送りバントばかりして勝ちに固執するような作戦はとらない一方、楽しんでプレーしながら必死に勝ちを求める。瀬野はそうしたチームの考え方を浸透させていきました。

私が指導に携わるようになった2014年以降、全員で徹底した一つが常に全力疾走し、全力でプレーすることです。なぜなら「100メートルを12秒台で走りなさい」と言われても、できる人はほとんどいませんが、「全力疾走しなさい」は誰にでもできるからです。「絶対にエラーするな」はどんなメジャーリーガーでも不可能ですが、「カバーリングをしよう」は気をつけてさえいれば全員ができる。「選手たちの意識次第でできるプレーは必ずやろう」と徹底しました。

さらに私が監督になってから重視していたのは、とっさの声です。例えばランナー一塁で相手投手がファーストに牽制球を投げたとき、ベンチも含めて全員が「バック」と大きな声を出す。気をつけてさえいれば誰にでもできることなので、必ず実行するように心がけています。

なぜ、こうした声出しをするのか。野球はチーム競技だから、チームメイトが一生懸命勝利を目指す中で、自分も一緒にベストを尽くすという意味合いです。つまり、チームメイトに対してリスペクトを示す。「ベストを尽くすことが、指導者や保護者、自分以外の選手を含めた全員へのリスペクトにつながる」と選手たちには伝えています。

人前で注意するのは3回目以降

もし選手が全力疾走を怠った場合、どうするのか。ここでも自分自身がドミニカで学んだことを活かして取り組んでいます。

1回目は個別に呼び、「なんで全力疾走をしなかったのか」を聞きます。コーチが怒って問いただすのではなく、選手自身から冷静に説明してもらい、本来どうすべきだったかを一緒に考えていく。例えば足が痛かったり、体調が芳しくなかったりしたら、病院に行くなど対処が必要になります。

でも、「アウトになると思ったから、走らないでいいと考えた」「フライを打ち上げて、捕られると思ったから走らなかった」という答えだったら、なぜ全力で走る必要があるかを説明し、納得してもらわないといけません。「みんなが一生懸命勝利を目指している。そのためには個々がベストを尽くすことが大事だから、あなたもベストを尽くそう」などと語り、意図をわかってもらうのです。

2回目も同じように、個別に呼んで話をします。気をつけてほしいのは、1、2回目は絶対にみんなの前では注意しないこと。チームメイトの前で怒られたら、当該選手は引け目を感じてしまうからです。萎縮したら、次に積極的にプレーをできなくなる可能性もあります。

では、3回目も全力疾走しなかったらどうするか。

「今日は3回目だから、みんなの前で言うよ。内野フライを打ち上げても、全力疾走すべきだ」

チームの約束事として全力疾走を決めているのに3回目もできなかったら、当該選手にきちんと指導していることをチームメイトたちにも伝える必要があります。なぜならチームにはリスペクトが不可欠だからです。

野球がチームスポーツである以上、勝利にできる限り近づくためには、全員が全力を尽くすことが不可欠です。一人ひとりが自分の全力を出していく。繰り返しになりますが、どんな状況でも全力疾走することは仲間たちや指導者、保護者へのリスペクトの表れになります。

ドミニカのアカデミーでは、選手たちに全力疾走の重要性を教えています。彼らはメジャーリーガーの卵であり、将来、大観衆が詰めかけたスタジアムでプレーすることを目指しています。そうなったとき、どんなプレーをすれば試合を見に来てくれた人たちにリスペクトを示せるか。チャンスで打つ、ダイビングキャッチを見せるなど華麗なプレーをすれば、ファンは喜んでくれるでしょう。しかし、それらは必ずしもうまくいくとは限りません。

では、どんなメジャーリーガーも絶対にできるプレーは何か。全力を尽くすことです。内野ゴロを打ったら、どんな当たりでも一塁まで猛スピードで駆け抜ける。こうした姿勢を見せれば、たとえ鋭いヒットは出なくても、ファンは拍手を送ってくれるでしょう。少なくとも、入場料を払い、時間をかけて球場に来てくれるファンにリスペクトを示すことになると思います。

実際、２０２３年のＷＢＣに日本代表として出場したラーズ・ヌートバー（セントルイス・カージナルス）選手は常に全力を尽くしていました。だからこそファンの人気を博し、チームメイトから敬意を払われるのです。

「絶対に打てる」と打席に臨む理由

堺ビッグボーイズでは「全力疾走は誰にでもできることだからみんなでやろう」と決まり事にしている一方、「達成できるかわからないことに、勇気を持って挑戦しよう」という約束もしています。

達成できるかわからないこととは、例えば盗塁です。盗塁を仕掛けても、セーフになる確率は一般的に五分五分くらいでしょう。でも、相手投手を打ちあぐねて1点負けている場面など、勇気を出してチャレンジしなければいけない状況もあります。そうしたときには、思い切ってスタートを切ることも必要です。

チャンスで回ってきた打席にも、同じことが言えます。打てるかどうかは相手もいることなのでわかりませんが、バッターは「絶対に打ってやる」という気持ちが重要です。「打てない確率のほうが高い競技なのに、打てなかったらどうしようと考えていること自体がナンセンスだ」

ドミニカの指導者がそんな心構えを話していました。よく言われることですが、プロの打者は打率３割を残せば一流と評価されます。逆に言えば、７割は打てません。それなのに「打てなかったらどうしよう」と考えても、いい結果には結びつかないということです。「よし、打ってやろう」「俺はこの打席で絶対に打てる」という気持ちで臨んだほうが、打てる確率が少しでも上がるはず。例えば、「打てない、打てない……」と結果に悩んでいる選手がいたら、「打てない確率のほうが高いわけだから、打てなくて普通、打てたらラッキーと思って、打席を楽しんでみては？」と声をかけることも一つのアプローチだと思います。

そうして前向きな心持ちで打席に向かい、「持っている力をすべて出してやる」と果敢に挑む。そのほうが意義のある打席にできるとドミニカの指導者は言うのです。

守備も同じことが言えます。一般的に守備は9割程度の確率でアウトにできますが、「ミスしたらどうしよう」「俺のところにボールが飛んでこなければいい……」とマイナスに考えるより、「最高のプレーをしてやる」「俺がアウトにしてやる」と思っているほうが、結果的にミスの確率は少なくなるはずです。ミスを考えておっかなびっくりしていると、緊張して体も硬くなり、思うように動けなくなってしまいます。

それよりポジティブなマインドを持ち、常にいい一歩目を切れるように準備しておく。内野手ならスプリットステップを踏むことで、心も体も軽やかに動き出すことができるわけです。

ドミニカのある指導者は、「27個の打球がすべて自分のところに飛んできて、アウトにするイメージで試合に入ろう」と話していました。そういう心持ちが最高のプレーにつながるというのです。実際、27個の打球がすべて自分のところに飛んでくることはないでしょうが、選手にそうしたアプローチをする指導者もいるのです。

ラテンの選手は常に陽気で前向きな印象があるかもしれませんが、私がドミニカのプロ野球選手にインタビューし、印象的だった話があります。

「それまで3打席三振と全然打てていなくて、最終回でチャンスが回ってきたとします。

どういうマインドで臨みますか？」

その選手は、自信満々に答えました。

「ここで俺が打ったらヒーローになれる。すべては最終打席のための布石だった。最終打席のために、前の打席があったんだと思う」

野球は確率のスポーツであり、マインドが大事な競技です。心持ち次第で、結果も大きく変わっていくはずだと私は考えています。

相手をリスペクトして高め合う

心構えやリスペクトは、自分に対してのものだけではありません。対戦相手との関係性の中にもあるものです。

ＭＬＢでは外野手がフェンス際の打球をファインプレーで好捕した場合、打った打者がヘルメットをとって称えるシーンをよく目にします。もし外野手がスーパーキャッチをしなければ長打になっていたはずですが、悔しがるのではなく、相手を称える態度を示すのです。これはスポーツマンシップであり、メジャーリーガーの矜持だと感じます。

第2章のスポーツマンシップで述べましたが、試合は相手と一緒につくり上げるものです。当然、両者ともに勝利を目指しています。競技スポーツの最高峰であるプロの場合、その色はとりわけ強くなる一方、相手チームのナイスプレーは心から称えるのです。

なぜ、メジャーリーガーはこうしたスタンスでいられるのでしょうか。理由の一つは、「相手チームへのリスペクトを忘れない」からだと思います。非常に重要なことで、堺ビッグボーイズでも大切にしています。

もう一つは、考え方の問題だと思います。ナイスプレーを連発する相手に勝つためには、自分たちはさらにうまくならないといけない。対戦相手とそうした関係性でいたほうが、結果的に自分自身を高めることもできます。

反対に少年野球の現場で耳にするのが、平凡なゴロを打ったチームのベンチが「やるぞ！」と大きな声をかけること。何をやるのかと言うと、「エラーをする」。つまり相手チームの失敗を期待しているわけです。

個人的に、こうした態度は好きではありません。相手の失敗を期待するように煽るのは、スポーツマンシップに反しているからです。また、このような言動は野球を通じて選手の将来の思考も変えてしまう恐れがあります。例えば、社会に出ても社内の同僚やライバル会社のミスを期待したり、ミスを誘発させるような行為をしたりするのではなく、より良い商品やサービスを提供するために自分自身ができることに注力すべきだと思います。野球と人生は必ずつながっている必要があると私は考え、このような指導を行っています。

相手の失敗に期待するのではなく、例に出したメジャーリーガーのように相手のナイスプレーを称えるほうが試合は白熱し、互いに高め合うことができます。

堺ビッグボーイズでは選手や保護者に相手をリスペクトする重要性を理解してもらった上で、次のことを留意して取り組んでいます。

- 相手チームのミスを誘発、期待するような声かけはしない
- 相手チームのミスを喜ばない（ミスで出塁した場合、出塁したことは喜んでもＯＫ）
- 相手チームのファインプレーには拍手と「ナイスプレー！」の声かけをする
- 相手チームのホームランには拍手と「ナイスバッティング！」の声かけをする

練習試合、公式戦を通じてこれらのことを心がけています。あるチームとの練習試合で1点差に追い上げられるホームランを打たれた際、我々のベンチの指導者も選手もみんな拍手と「ナイスバッティング！」の声かけを行っていました。ふとマウンドに目をやると、打たれた投手自身もグローブを取って拍手を送っていたのです。

もちろんチームとして引き続き勝利を目指していますし、ホームランを打たれてあきらめたわけではありません。たとえ相手チームでも良いプレーはほめ称え、その上で全力で勝利を目指します。その投手は相手のホームランを称えた後、勝利につながる投球をしてくれました。

選手たちに改めて考えてほしいのは、自分はなぜスポーツを行うのかということです。指導者や保護者は、なぜスポーツに関わっているのか。

特に大人が少年野球に携わる場合、相手チームの選手は子どもたちです。直接的な接点はないかもしれませんが、勝利することに盲目的になるあまり、相手のミスを期待したり、喜んだりすることが、スポーツをする本当の価値につながるのか。そこを突き詰めていくことで選手やチームの成長につながるので、堺ビッグボーイズでは常に向き合うようにしています。

アウトを増やすための選択肢

ここからは実戦編です。マインドともつながってくるのですが、堺ビッグボーイズでは守る際、一人ひとりができるだけ多くの守備機会を持てるように求めています。言い換えると、なるべく多くのアウトをとれるようにするということです。

そのために大事なのは、捕球の基本を身につけた上で、型にとらわれないようにすること。一定以上の実力のある学童野球チームから入ってきた選手の場合、最初は簡単ではありません。

なぜなら、日本では伝統的に「ゴロは正面に入って捕りなさい」と指導される傾向にあるからです。プロ野球を見ていても、例えばセカンドがセンター前に抜けそうな当たりを捕る場合でも、逆シングルではなく、回り込んでなるべく体の正面でさばこうとする選手が多いです。

では、できるだけ多くのアウトをとろうとしたとき、「正面で捕れ」は本当に正しいでしょうか。

例えばショートを守っていて、三遊間深くにゴロが飛んできたとします。選択肢として考えられるのが、次の二つでしょう。

①正面に回り込んで捕る→一塁送球
②逆シングルで捕る→一塁送球

それぞれにメリット、デメリットがあります。

正面で捕るメリットは、もしゴロを弾いても、体に当てれば前にボールを落とせることです。すぐに握り直して一塁に送球すれば、アウトにできる可能性があります。逆にデメリットはゴロに対して正面に回り込まないといけないので、捕球するまでに時間がかかることです。そこから送球体勢に入るのも一定の時間を要します。

一方で逆シングルのメリットはボールに対して最短距離で捕りにいけ、すぐに送球体勢に入れることです。デメリットは、逆シングルに慣れていないとうまく捕球できず、ポロッと落としてしまいがちなことです。

私が見ている限りですが、小学生は正面に入ることが多いです。正面に回り込めば後ろに逸らす確率は下がるので、結果的にアウトにできる可能性は高まるでしょう。

中学生の場合、正面に回り込んだために一塁送球まで時間がかかり、セーフになるケースも結構あります。また、逆シングルで捕りにいってポロッと落とすこともある。割合としては同程度でしょうか。それでも、堺ビッグボーイズでは逆シングルの捕球を練習しているので、中学3年生頃になると慣れてきて、しっかり捕ってアウトにできる選手も増えていきます。

単純に考えてほしいのは、正面での捕球と逆シングルでは、どちらが守備範囲が広くなるのでしょうか。回り込む時間の有無を考えると、後者のほうがより広いエリアをカバーできます。

しかし、日本の選手たちは子どもの頃から「正面で捕れ」と指示されるので、どんなゴロでも当たり前のように正面でさばこうとします。三遊間深くのゴロを逆シングルで捕れば一塁でアウトにできるタイミングなのに、正面に回り込んだ結果セーフになる。高校野球でも多く見られ、プロでも時折目にするプレーです。

対して、ＭＬＢのショートたちは逆シングルで軽やかにさばき、悠々とアウトにします。日本でも最も守備力を評価される遊撃手の源田壮亮選手（埼玉西武ライオンズ）は逆シングルでうまく捕球し、素早い一塁送球を得意としています。源田選手は自分より右に飛んできた打球の場合、基本的に逆シングルでさばくことのほうが多いくらいです。

「正面で捕れ」は正しい？

なぜ、日本では「正面で捕れ」と指導されるのでしょうか。

理由の一つは、指導者の考え方だと思います。「逆シングルはリスクが高い」と考えているコーチが多いと感じますが、正面に入っても捕球ミスをする可能性は同様にあります。小さい頃から逆シングルの練習を重ね、習熟度を高めていけば、誰でも普通に使いこなせる捕球法です。ドミニカでは小さい頃から当たり前のように逆シングルの練習を重ね、試合でもトライしていきます。

一方、日本では子どもの頃から目の前の結果が重視されるため、リスクが高い逆シングルではなく、正面での捕球を推奨する。負けたら終わりのトーナメント戦という環境も影響しているように感じます。

では年齢を重ねて上のレベルでプレーするとき、逆シングルも使いこなせる選手と、正面での捕球しかできない選手のどちらが伸びていくでしょうか。言うまでもなく、捕球のバリエーションを多く持っているほうが有利だと思います。

ドミニカでは子どもの頃から逆シングルの練習を重ねると前述しましたが、その方法は極めてシンプルです。数メートルの距離から、手で転がしたボールを捕球する。これだけです。あらゆる守備の基本となり、ドミニカのアカデミーでも練習の最初に行われるメニューです。プロでも二人一組でボールを転がし合い、ウォーミングアップも兼ねて捕球の練習をしています。

まずは正面にコロコロと転がし、守備者は前に出てきて体の真ん中で捕り、送球の手に持ち変えて投げます。これを何度か行います。

次は体の正面より右側にゴロを転がしてもらい、前に出て逆シングルで捕り、握り変えて送球する。これも何球か行います。

逆シングルで捕球する際に意識してほしいのが、左足（右投げの場合）の向きです。逆シングルキャッチに慣れていないと、左足をクロスさせる形になりがちです。これでは体勢を整えないと一塁に送球できないため、余計な動作が増えてしまいます。おそらく左足をクロスさせてしまう理由は、逆シングルで捕るのは正面に回り込めない場合のみと思い込んでいるため、なんとか左足を一歩踏み出して捕球をしようとするのでしょう。

逆シングルの基本とNG

体の右側に来たゴロに対して動き出す。

右足→左足の順で踏み込み、逆シングルで捕球。

無駄なステップを踏まずに、一塁へ送球。

NG ポイント 捕球時は足をクロスさせない

右写真のように両足をクロスさせた状態で捕球する選手が多い。この捕球では余計な動きが増えて送球体勢に入るのが遅くなってしまう。強い打球や自身の右寄りの打球にどうしても左足をクロスして捕球しなければならない場合はOK。

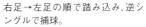

そうではなく右足↓左足の順で踏み込み、左足は一塁ベース方向に向けて逆シングルで捕球してください。その時点で送球する際の体の軸ができているので、すぐにスローイングにつなげられます。写真を見てもらえばわかると思いますが、グローブの使い方が逆シングルになっているだけで、体の正面で捕球しています。

練習メニューとしては、正面、体の右側、体の左側にゴロを投げてもらい、送球につなげていく。そのときにグローブの向きは極論、自分の捕りやすいところで捕ればいいです。体の左側のゴロでも正面に入らず、体の左側で捕ったほうが一塁送球をしやすいという選手もいるでしょう。

捕球↓スローイングで意識してほしいのが、ボールを持ち替えるときに胸のやや下辺りに持っていくことです。どの位置で捕球しても、まずは体の中心にボールを持ってくる。そこで握り変えて、一塁に送球する。これが基本として身につけば、体の動き方が一定になってくるのでスローイングが安定します。また、投げた方向にスローイングの勢いのまま何歩か進むことも、方向性がつくので送球の安定につながります。

ゴロを転がした後は、適度な距離からノックでゆっくりとした球を打ってください。正面、右側、左側と、同じように捕球↓送球を行います。

ドミニカや中南米の選手たちは以上のメニューを繰り返し、柔らかいグラブさばき（ソフトハンド）を身につけていきます。試合の中で同じ打球は飛んでこないので、実戦を重ねて対応力を磨いてください。速い打球やイレギュラーバウンドにも対処できるようになっていきます。

大事なのはより多くのアウトをとれるようになるため、固定観念にとらわれず、アウトにできる形を増やしていくこと。日本で「守備の基本」と言われるものは、世界に出れば必ずしもそうとは限りません。柔軟な発想を持ち、子どもの頃からアウトにできる選択肢を増やしていくことが重要です。

柔軟な発想がファインプレーを生む

アウトにするための「発想」を増やすという意味で、選択肢に入れておいてほしいプレーがあります。サードを守っていて、三塁線にグローブが弾かれるくらい強い打球が飛んできた場合、どのように一塁へ送球しますか。

通常なら、反時計回りで回転して投げると思います。横っ飛びでうまく捕球できた場合、飛んだ勢いのまま立ち上がって左肩を引くようにし、回転して投げれば素早い送球につなげられるでしょう。

でもグローブが弾かれるほど強い打球だった場合、ボールの勢いでグローブは外野方向に流れていることが多いと思います。そこから一塁方向に投げるとき、どうするのがいいのか。ＭＬＢでトップレベルの守備力を誇る三塁手のマニー・マチャド（サンディエゴ・パドレス）は、時計回りに回転して投げるプレーをよく見せます。このほうが打球の勢いも利用しながら瞬時に勢いがつけられ、送球につなげやすいからだと思います。オリックス・バファローズの宗佑磨選手や福岡ソフトバンクホークスの栗原陵矢選手もサードで同様のプレーをすることがあります。

彼らはプロだから、こうしたスローイングができるのでしょうか。そんなことはありません。堺ビッグボーイズでセカンドを守っていた選手が、センターに抜けそうな強い当たりをかがみながらキャッチし、時計回りに回って一塁に投げてアウトにしたことがありました。後から本人に聞くと、捕球する際に右手がたまたま地面についていて、打球の勢いが強くてグローブがセンター方向に持っていかれたため、その力を利用してとっさに時計回りに回転して送球につなげたそうです。

普段から逆シングルで捕球して投げる練習をしていなかったら、おそらくできなかったプレーだと思います。なぜなら「逆シングルキャッチ→スローイング」の応用と言えるからです。捕球の基本となるパターンを身につけ、さらに発想さえあれば、メジャーリーガーのようなプレーが中学生でもできるのです。

本稿ではサードを例に挙げましたが、ショートの三遊間寄りのゴロや、セカンドの二遊間寄りのゴロでも使えるプレーです。

バックトスで併殺完成

セカンドやショートの特徴として、ダブルプレーに絡むことが多いポジションということが挙げられます。両者がゲッツーの成功確率を高めるために、選択肢に持っておきたいプレーがバックトス。とりわけセカンドは、スローイングのバリエーションが多いとダブルプレーの数を増やせます。

セカンドがダブルプレーを狙う場合、守備位置によってスローイングの方法が変わってきます。二塁ベース寄りのゴロの場合、下からトスするケースが大半でしょう。一方、正面に打球が飛んできた場合、捕球した流れで横を向き、その勢いで通常のように斜めや横から投げることが多いと思います。

正面に打球が飛んできたときに、送球の選択肢に持っておいてほしいのがバックトスです。なぜなら斜めや横から投げるためには送球体勢に入るまでに一定の時間がかかることに加え、送球が逸れる可能性があるからです。

対してバックトスの場合、すぐに送球体勢に入れます。さらに一定以上のスピードで投げられ、かつスローイングミスの可能性も低い。ＭＬＢでバックトスがよく使われるのは、それだけ合理的なプレーだからだと思います。いきなりバックトスをやるとうまくいかないかもしれませんが、練習すれば誰にでも簡単にできる投げ方です。バックトスは発想を持ち、体に身につけておけばできるプレーなので、ぜひ選択肢に持っておいてください。

ショートがセンターに抜けそうなゴロに飛びついて止めて、セカンドに投げる場合もバックトスが体勢的に早いです。

ダブルプレーのシーンではありませんが、ショートに弱い打球が飛んできた場合、どうすれば一塁まで早く投げられるでしょうか。上から投げるのではなく、前に出て捕球した位置からそのままサイドスローで送球することです。

念頭に置いてほしいのが、打者は一塁まで約4秒で駆け抜けるということ。つまり打球を捕るだけでなく、一塁に早く投げてアウトにする必要があるわけです。ドミニカではこうしたスローイングを身につけるため、ゴロ捕球の守備練習の最後は弱い打球で前に出させて、一塁にサイドやアンダーから素早く投げる練習を行います。そのときにベアハンドキャッチ、つまり素手で捕ることもあります。

ともすれば日本でバックトスやベアハンドキャッチをすると、指導者から「カッコつけるな」「適当に投げるな」と注意されるかもしれません。でも、上のレベルで活躍するためには必要になるプレーです。

ドミニカの子どもたちは普段からバックトスやベアハンドキャッチの練習を行い、試合でもアウトにするための選択肢として持っています。もちろん暴投やつかみそこねる場合もありますが、人間だからミスが出るのは仕方ない。それより1％でもアウトにできる可能性があるならチャレンジすべきで、そうしないとプレーの幅が広がらないと考えています。

当たり前ですが、実戦の中で繰り返し行うことで、はじめて技術として身についていきます。そうして繰り返しながら覚えていくので、メジャーリーガーになったとき、華麗な

バックトスとベアハンドキャッチ

バックトス

二塁ベースまで少し距離がある場合にセカンドがショートに送球するときは、トスではボールが浮いて遅くなってしまう可能性もあり、バックトスによる送球がベスト。ダブルプレーには欠かせないテクニック。

ベアハンドキャッチ

バントなどの緩いゴロに対しては、グラブを出すのではなく素手で捕球し、そのまま一塁へ送球。

スローイングでアウトにできるのです。

二塁ベースはどっちの足で踏む？

セカンドがダブルプレーの中継に入る際、どちらの足で二塁ベースを踏むかも時間短縮に関係してきます。右足と左足、どちらで踏んだほうが早く送球できるでしょうか。

特に日本の中高生の場合、右足で踏む選手が多いです。でも二塁ベースを右足で踏むと、そこから横にずれるような動きをしてから投げる必要があるため、右足、左足と2歩ステップして送球することになって一塁送球までに時間がかかってしまいます。

対して左足で二塁ベースを踏めば、軸足の右足は動かさずに、左足を一歩踏み出すだけで送球できます。こちらのほうが右足でベースを踏むより、1歩少なく投げることができ、また走者と重なりにくいためケガを防ぐことにもつながります。そのため、できるようになってほしいプレーです。

日本の中高生が右足で二塁ベースを踏みにいくのは、そのほうがポジションから一歩近いからだと思います。でも投げることまで考えたら、左足で踏んだほうが早くなります。

二塁ベースはどっちの足で踏む？

セカンドがダブルプレーの中継に入る場合

一二塁間よりも奥で二塁ベースに入り（一塁走者のスライディングを避けるため）、左足でベースを踏んだ状態で待つ。ボールを受けたら右足を軸に左足のみステップして一塁へ送球。

ショートが自ら二塁ベースを踏んで一塁に送球する場合

捕球したあと、一塁へ投げる動作の途中、踏み出した左足で二塁ベースを踏む。一塁へ最速で送球する方法だ。時間的に余裕がある場合でも、左足でベースを踏んで、二塁ベースを飛び越えつつ一塁への送球体勢を整える方法がベスト。

ではショートがゴロを捕球して自分で二塁ベースを踏み、一塁送球を行う際、どちらの足で二塁ベースを踏んだほうが早いでしょうか。

日本ではプロ野球も含めて右足で踏む、もしくはベースの端を蹴る選手が多いですが、そこから一塁に投げるためには左足をもう一歩踏み出す必要があります。そのためMLBのショートはスローイングの体勢をつくりながら左足で二塁ベースを踏み、即座に一塁に送球するプレーをよく見せます。つまり、投げるために踏み出す左足でベースを踏む。こちらのほうが送球までの時間を短縮できるからです。ドミニカのアカデミーではこうしたスローイングを練習しています。

以上は細かい話ですが、野球ではわずかなタイムがセーフ、アウトのタイミングに関わってきます。捕球だけでなくスローイングまでトータルで考えて、どうすればより早くプレーできるかを考えることが重要です。

球際に強くなる練習法

外野守備について言うと、堺ビッグボーイズで大事にしていることは主に二つあります。

一つ目は、球際に強くなること。定位置や、少し動いての外野フライが飛んできた場合、ほとんどの選手が難なくキャッチすることができると思います。逆に差がつくのは、捕れるか、捕れないかというフライ。打球判断を素早く行い、ボールの落下地点をうまく見極められるようになれば、相手のヒットを防いでアウトにすることができます。長打になってもおかしくない当たりなので、投手やチームが感謝するビッグプレーになります。

球際に強い外野手になるため、堺ビッグボーイズでは捕れるか、捕れないかというフライを近距離から打っています。打席から外野までの距離をとってノックを打つと、ギリギリの場所を狙うのは難しい。だから距離を縮めたところから打っていきます。左、右と打ち分け、外野手が一歩目をうまく切れるようにしていきます。ノックの目的は球際に強くなることなので、遠い距離から打つ必要は必ずしもないのです。

もう一つ、外野手にとって大事なのは走者を次の塁へ進ませないことです。例えばレフトを守っていて、サードの頭を超えるヒットが飛んできたとします。打者に二塁まで進まれるか、チャージして素早く送球して一塁に釘付けにしておくか。前者は得点圏にランナーを背負うことになるので、後者と比べて大きな違いです。

では、どうすれば二塁に進ませずにいられるでしょうか。一塁を回って二塁まで進むか否か、判断するのは打者走者です。つまり、二塁を狙う場合は高確率でセーフになる。アウトになる確率が高そうなら、打者走者は二塁を狙わないですよね。そう考えると守備側にとって、打者走者に一塁ベースを蹴って次の塁を狙わせた時点で〝ほぼ負け〟ということです。

一塁ベースにとどまらせるためには、打球に対してどのように入るのがいいでしょうか。レベルが高い相手になると、外野手がどういう送球体勢に入っているかを見極め、二塁を狙うかどうかを判断します。投げる方向（二塁ベース）に向かって勢いをつけて捕っているか、もしくは投げるのとは異なる方向に重心がかかりながら捕球しているか。前者ならすぐにスローイング体勢に入れますが、後者は送球までに少し時間がかかります。こうした差を見極めて、次の塁を狙ってくるわけです。

ですので、まずは打球に対して素早く回り込むこと、ボールを捕球する際に投げる方向に勢いがついていることが大切になってきます。これらもホームベースからではなく、近い距離のノックのほうが効率的に短時間で練習できます。打者走者を二塁でアウトにできなくても、一塁にとどめることができれば相手チームはバントで進塁か、リスクを冒して盗塁をする必要も出てくる。走者が一塁にいれば併殺打の可能性もあり、長打を打たれても三塁でストップさせる確率も高まります。二塁に進ませないことで、27個（中学生は21個）取らなければいけないアウトの一つをバントなどでもらえる可能性があるため、セカンドに進塁させないプレーは外野手のファインプレーと位置づけて練習しています。

また、もっとレベルが高くなると試合前、試合中のキャッチボールで相手チームの野手の肩の強さを見ています。そのため、普段のキャッチボールから試合を意識していく必要があります（スローイングは後述）。

「強いスイング」がスタートライン

次はバッティングです。堺ビッグボーイズで最も大事にしているのは、強くスイングすることです。

日本とドミニカの中高生を比べた場合、最も異なるのがこの点です。その前提として、両国ではバットの違いがあります。日本は反発係数に規定のない金属バット（高校野球では２０２４年から新ルールが適用されるが形状の規定のみで反発係数に関する規定はない）が使われる一方、ドミニカでは中学生世代は約99％、高校生世代では１００％木製バットを使用します。

反発係数の高い金属バットの場合、ボールにバットを当てることができればある程度飛んでいきます。対して、木製バットはそういきません。強いスイングで自分の力をボールに伝えられないと、遠くまで飛ばすことは不可能です。

また、試合環境の違いも日本とドミニカのバッティングに大きな影響を与えていると思います。トーナメント戦の日本では勝たなければ次の試合がないので、「ここは右にゴロを打って最低限ランナーを進めてほしい」「セフティバントで揺さぶろう」などと小さい頃から細かいスキルを求められる傾向にあります。

対してドミニカの高校生世代（ＭＬＢ球団のアカデミー）はリーグ戦で、中学生世代についても試合の勝利は最優先事項ではありません。彼らは16歳以降でＭＬＢ球団と契約することを目指す中、強いスイングを身につけていきます。〝打球がうまく転がせる〟〝変化球に対応できる〟〝小技を使える〟ことはプロになってから習得すればいいと考えられ、まずはストレートを強く弾き返すことが重視されます。木製バットでいかに強い打球を飛ばせるかが、プロになるための重要事項と言えます。

ＭＬＢ球団のアカデミーに進んだ後、送りバントの練習は行いますが、その理由はメジャーリーグに昇格した後に必要になるからです。あくまでサマーリーグの試合では、ストレートを強く弾き返せるようにスイングしていく。そこができてこそ、初めて〝スタートライン〟に立てるわけです。

〝バッティングの概念〟を変える

近年、日本でもメジャーリーガーを夢見る中高生が増えてきました。しかし、すべての選手がプロを目指しているわけではありません。

一方、プロ野球でも強いスイングを武器にする日本人選手は増えています。例えば楽天の茂木栄五郎選手は早稲田大学の３年時、「プロに行くためには長打を打てなければいけない」と打撃の考え方を変えたそうです。大谷翔平選手や吉田正尚選手（ボストン・レッドソックス）はフルスイングを繰り返し、世界を舞台に活躍しています。

日本と世界で環境の違いがあるのは事実ですが、私は小学生から〝バッティングの概念〟を変えていくべきだと考えています。目的はメジャーリーガーを育てることではなく、その選手が持っているバッティングスキルを最大化していくべきだと思うからです。

そう願うのは、私自身の経験とも関係があります。私は新潟明訓高校時代、3年生の夏を終えたら「野球はもういいかな」と思いながらプレーしていました。周囲にもそう公言していたくらいです。

でも高3夏に甲子園に出場した後、「まだ野球を続けたい」と思うようになりました。そうして立教大学に指定校推薦で合格して野球部に入部、4年時にはキャプテンを務めました。

私はプロ野球選手になれませんでしたが、人の才能はいつ花開くかわかりません。高校までは無名だったけれど、大学で急成長してプロになり、メジャーリーガーになった選手もいます。

自分の体験をもう一つ伝えると、大学で苦しんだのが木製バットへの適応でした。高校時代、打撃マシンで速い球を打つ練習や斜めティーを繰り返していたため、アウトサイドインのスイングが身についていたことが原因です。金属バットなら当てれば一定の飛距離が出る一方、前述したように木製バットでは強いスイングが不可欠です。インサイドアウトのスイングで、体で生み出した力をボールに伝えていく必要があります。

当時の私に限らず、金属バットを使うとアウトサイドインになりやすいという弊害があります。大学や社会人の指導者もよくこぼしています。

反発係数の高い金属バットはボールに当てれば飛距離が出るという傾向に加え、特に日本の高校野球の場合、アウトサイドインのスイングになりやすい〝条件〟があることをご存知でしょうか。

それは重さです。プロ野球で使用される木製バットは重量の規定がなく、９００グラム前後が主流です。対して高校野球では、９００グラム以上と規定で定められているのです。選手によっては、プロ野球選手のほうが高校生より軽いバットを使用していることになります。

一般的に考えれば、筋量が十分にない高校生は、プロ野球選手より軽いバットを使ったほうが操作しやすいはずです。それなのに、一定以上の重量があるバットを使わなければいけないとルールで定められています。

力が十分でない高校生が重いバットを振るには、遠心力に頼ることになります。ゆえにバットが外回りになり、アウトサイドインのスイングになりやすい。いわゆる「手打ち」と言われるスイングになってしまうのです。

一方、打撃で理想とされるインサイドアウトのスイングは、バットが内側から出ていきます。体で生み出した力を無駄なくバットに伝え、ボールにコンタクトして飛ばしていく。こうしたスイングを身につけることが、木製バットで強い打球を打つためには不可欠です。

高校野球では2024年から新しい金属バットに関する規定が適用され、打球部の素材の厚さを約3ミリから約4ミリにすることで、打球の飛距離が抑えられるようになります。ただし、重さに関する規定は変わりません。

新しい金属バットの影響がどう出てくるかは数年間かけて見ていく必要があると思いますが、例えば全国大会のみでも木製バットの採用や、重さを軽くする一方で反発係数の基準を明確に定めるなど、「選手の能力をできるだけ伸ばせる道具を使う」という観点も重要だと思います。

置きティー、正面ティーでインサイドアウト習得

インサイドアウトのスイングを身につける上で、オススメの練習法が置きティーです。

置きティーと正面ティー

置きティー

ティー台をベースの真ん中に置き、どこのポイントで打てば、自分の力を伝えた打球がセンター方向に飛ぶかを確認。中学生などは投手寄りに置きたがる選手もいるが、年齢を重ね、技術が向上し、徐々に捕手寄りにポイントを持ってこられることが望ましい。

正面ティー

打者の正面から数メートル離れたところにネットを置き、その端から手を出して下からボールを投げてもらう。より本番をイメージしたバッティングができる。

文字どおり、ティー台にボールを置いて打つことです。

コースはストライクゾーンの真ん中をイメージして置き、通常の試合と同じバッターボックスの位置に立つのがいいでしょう。ベースから離れて立つ選手がいますが、それでは実際の打席と違いが出てしまうため効果はありません。

スイングはセンターに強い打球を弾き返すイメージで行います。自分はどのポイントで打てば最も力が伝わるか、最適な場所を探してください。体の近くで打ったほうが力が伝わりやすい人もいれば、少し前のポイントのほうが打ちやすい人もいるでしょう。真ん中をうまく打てるようになったら外角、内角も同様に行えばいいですが、まずは真ん中を確実に打てることが重要です。外角も内角も打てるようにと思うかもしれませんが、まずは打ちやすい球をしっかりとらえる確率を上げることが最優先です。

置きティーはＭＬＢやドミニカで一般的な練習方法です。一方、日本でティーバッティングを行う場合、ボールを斜めからアンダーハンドで投げてもらって打ち返す斜めティーが馴染み深いでしょう。トスを次々と投げて打ち返す連続ティー（連ティー）もよく行われている練習法です。

近くにいるコーチがスイング軌道についてアドバイスするなど、目的を明確にして行っているならいいと思います。ただし、斜めからトスされたボールを正面に打ち返すので、引っ張る打球が多くなるような打ち方です。どうしても手をこねてしまい、アウトサイドインのスイングになりやすいので、堺ビッグボーイズでは行いません。連続ティーの場合、何本も打って疲れてくると、遠心力に頼ってバットが外側から出やすくなります。

それより、推奨するのが正面ティーです。打者の正面から数メートル離れたところにネットを置き、その端から手を出して下からボールを投げてもらいます。安全のために、投げる人はヘルメットをかぶってください。

バッターは置きティーと同様、センターを中心に低くて強い打球を打っていきます。実戦と同じ角度からボールが投げられるので、より本番をイメージしてバッティングを磨いていくことができます。

また、通常のバットより短いショートバットもオススメです。力に頼らなくてもスイングでき、バットを内側から出していくイメージがつかみやすいからです。

ショートバットは50～60センチ以上のものがあります。先端や手元が重いものもありますが、通常のバットと同じバランスでつくられたショートバットを使用してください。軽くて操作しやすいショートバットでインサイドアウトを身につけた後、通常のバットを振ると、そのイメージのままスイングしやすくなります。

集中力を高める「BP」と実戦練習

次は「BP」です。「バッティングプラクティス」の略で、アメリカやドミニカではその頭文字で呼ばれ、日本でも同様に言われることが増えてきました。いわゆるフリー打撃です（30ページで説明したように、目的が少々異なります）。

BPの目的は、より実戦に近い形で打っていくことです。バッティング練習では打撃マシンを使うチームもあると思いますが、速いスピードに設定して打つとアウトサイドインのスイングになりがちなので、バッティング投手かコーチに投げてもらったほうがいいと思います。2～3分くらいかけてダラダラと打つのではなく、1回5～7球交代のように設定し、センター中心に低くて強い打球を打ち返していく。大事なのは、集中力を持続させることです。1班で同時に打つ選手は4人くらいがちょうどよく、最大でも5人まで。6人以上の場合は班を分けて実施するほうが集中力を持続して取り組めます。

打席での集中力を養うために、堺ビッグボーイズではケースバッティングで取り入れている形式があります。1球目がストライクの結果になった場合、「2ストライク」とカウントするのです。

打者には「ストライクなら初球から捉えにいってほしい」という狙いを込めています。打者は打てる球を見逃しがたり、捉えられずにファウルになったりすると「2ストライク」とカウントされるので、初球から集中する必要があります。また、一度スイングすることで次の球にタイミングを合わせやすくなるので、1ストライクから積極的にアプローチしていくべきです。

対して投手は、初球でストライクをとることが重要です。初球は多少甘めでもストライクをとり、有利なカウントをつくってから厳しいコースを狙っていく。それが投手にとって、打者を抑えるための基本的な考え方です。初球にストライクをとれば「2ストライク」になるというルールの場合、投手はより集中して最初の1球を投げていきます。

また、「1イニング15球」ルールで紅白戦を行うこともあります。投手が1イニングに15球を投げたら、次の打者には投げずに攻守交代。私が考えたルールでは、3アウトをとれたら守備側に1点、2アウトの場合は三塁にいるランナーは得点、1アウトの場合は二塁と三塁にいるランナーは得点、ノーアウトの場合は塁上のランナー全員を得点にカウントしています。

このルールで行う目的は、投手が15球以内で1イニングを投げられるように組み立てることです。積極的にストライクを投げていき、少ないカウントで打ち取る。なぜなら投手にとって、1イニングの理想的な球数の目安は15球とされているからです。そうすればベンチに戻って休養し、筋肉とスタミナを回復させられる。1イニングに多く投げすぎると、回復しないまま次のイニングに登板することになるので、さらに投球の質が落ちてしまいます。反対に打者は、「1イニング15球」では投手がどんどんストライクをとりにくるから、積極的に打っていく必要がある。投手、打者ともに意味のあるメニューで、ドミニカでも行われています。

「体を一つにつなぐ」投げ方

次はスローイングについてです。ピッチングでアウトを重ねるために大事なのが、「強いボール」を投げられるようになることです。捕手や野手も低くて強いボールをパチーンと投げられるようになると、送球の強さがグッと増していきます。

中南米の投手は「豪腕」、ショートやセカンド、サードには「強肩」というイメージがある方も多いのではないでしょうか。ドミニカの選手たちを見ていると、体全体を使って大きく投げていることが特徴にあります。そうした投げ方をしているから肩や肘を故障しにくく、強い球を投げられる。例えば、２０２３年ＷＢＣにもドミニカ代表として出場したウィリー・アダメス（ミルウォーキー・ブルワーズ）はまさにそういった投げ方です。

一方、日本の子どもたちには「肘を前に出す」ようにして投げる選手が多いです。肘を抜くようにして、手先だけで投げていく。これでは体全体の力がボールに伝わらず、肘に負担がかかって故障のリスクが高まります。

故障リスクを下げ、強い球を投げられるようになるためにも、体全体を使ってスローイングすることが重要です。子どもの頃から染み付いてきた投げ方を改善するのは簡単ではありませんが、堺ビッグボーイズでは中学3年間をかけて、癖を取り除けるようにアプローチしています。癖のない選手については、持っている力をさらに発揮できるように伸ばしていきます。

その土台になるのが「ＢＣエクササイズ」です。卒団生の筒香嘉智選手が在籍する以前から、キネティックフォーラムを主催する矢田修先生に監修してもらったプログラムに取り組んでいます。具体的にはブリッジや側転、横走り、サイドステップなどをウォーミングアップで行い、体全体を使って動けるようにしていきます。上半身と下半身を連動させることで、自身の持っている力を最大限に発揮する動きになっていくのです。イメージとしては、「体を大きく使う」という表現でしょうか。

その後、キャッチボールの前に「フレーチャ」という器具を使ってスローイング練習を行います。スペイン語で「矢」という意味で、矢田トレーナーが監修した器具です。以前はやり投げの導入として開発された「ジャベリックスロー」を使っていましたが、野球の感覚により近づけたフレーチャを使用するようにしました。重さ400グラム、長さ73・5センチで、全身を大きく使わないとうまく投げられない点に特徴があります。

フレーチャを使ったスローイング練習は、以下の3段階に分けて行っています。

①両足を広げた状態からノーステップで投げる。後ろの踵も浮かせない
②前足を上げてから投げる
③前に数歩大きく踏み出して、右足をクロスステップして投げる

フレーチャを使ったトレーニング

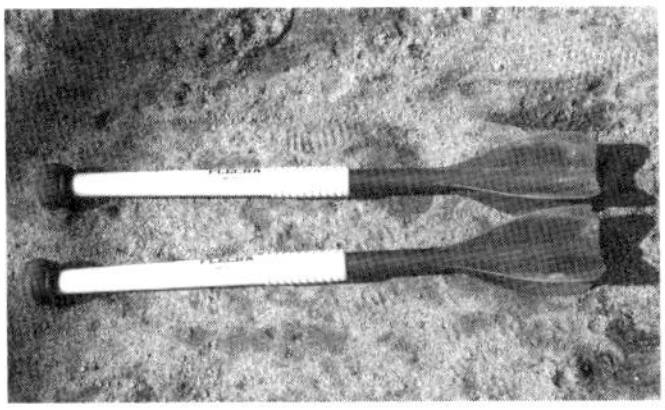

フレーチャ（FLECHA）

やり投げをヒントに野球の投球力向上のため開発された。重さ 400 グラム、長さ 73.5 センチ。オリックス・バファローズの山本由伸選手が日頃の練習でも取り入れている器具としても有名。

①両足を広げた状態からノーステップで投げる。後ろの踵も浮かせない

②前足を上げてから投げる

③前に数歩大きく踏み出して、右足をクロスステップして投げる

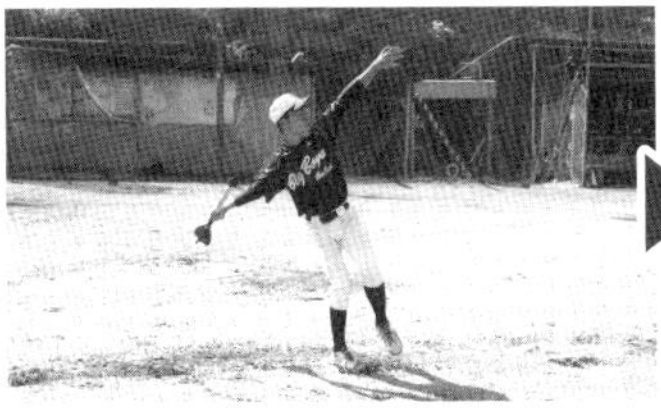

段階を経るに連れて動作が増えるので、難しくなります。意識してほしいのは、前の肩を開きすぎないことと、力んで投げないこと。そうした投げ方になると矢を遠くまで飛ばすことができないので、身体全体を使って投げることを意識してください。

また肘から抜くように投げると、フレーチャはポトンと下に落ちてしまいます。力んで投げると、フレーチャが縦向きに回転して同じく前に飛んでいきません。どうすれば力まず、体全体を使って力を正面の方向へ最大限に伝えていけるか。フレーチャを投げることで、そうした投げ方を自然と身につけることができます。

イメージは「体を一つにつなぐ」。足先から手先までが一本の釣竿のようにつながり、体をしならせることでビュンと投げていく。それが「体の一番大きい使い方」だと思います。こうして投げることで、強いボールが投げられるようになります。また関節に過剰な負荷がかからない投げ方になるため、肩や肘の故障のリスクが減っていきます。

体を大きく使った投げ方を身につけるためには、サッカーボールやバレーボール、ソフトボール、ハンドボールなど、野球の硬式球より大きなボールを投げることもオススメです。小さな野球ボールは小手先で投げることができてしまいますが、大きなボールはそういうわけにはいきません。実際に投げてもらうとわかりやすいですが、大きなボールを小手先で投げるとスライダー回転やシュート回転してしまいます。特に軽くて大きく、空気抵抗も大きいバレーボールを投げるとわかりやすいでしょう。大きなボールを真っすぐに投げる場合、足の先から体幹、腕、指先まで体全体を連動させなければ投げられません。こうした練習をすることで、自然と体を大きく使い、下半身と上半身を連動させる投げ方を身につけられるのです。

これらのメニューを行った後、キャッチボール、遠投に移ります。キャッチボールでは低くて強い球を投げ、徐々に距離を伸ばしながら遠投を行ってください。遠投では真っすぐに出力しないと、ボールを遠くまで投げることはできません。

遠投の目的は肩を強くすることではないので、何十球も投げる必要はありません。あくまでキャッチボールの延長で何球か投げて、真っすぐに出力できているかを確認します。力づくで投げるのではなく、体を大きく使ってスローイングできるようになりましょう。

こういった練習はすべてのポジションの選手に有効です。投げる動作を一番に行う投手はもちろん、盗塁を仕掛けられたらとっさにセカンドまで投げる必要があるキャッチャーや、短い距離を素早く投げる動作の多い内野手にもオススメです。これらのポジションでは素早い動作が求められるため、体全体を使ったスローイングではなく、力んで投げたり

（特にキャッチャー）、手先だけのスローイング（特に内野手）になりがちです。ドジャースのアカデミーでも、これらのポジションの選手に体を大きく使って投げるように指導しています。

体を大きく使うところから、ゲームの中で体の動きを省略して素早くプレーすることは可能です。逆に常に小さく素早く投げることだけをしていると、体を大きく使うことができなくなり、送球の強さを高めていくことはできないと考えられています。

球種の選択と球数管理

投手の育成で特に心がけているのは、強いストレートを磨くことです。そのために体を大きく使って投げられるようにする一方、ポイントになるのが球種の選択です。ボーイズリーグではスライダーを武器に抑えていく投手をよく目にしますが、堺ビッグボーイズでは中学2年生まではスライダーを投げさせず、3年生は選手個々の成長段階、投球フォームや本人の意思も確認しながら、各選手と相談しながら判断しています。また、スライダーを中心に組み立てる投球はしないようにしています。なぜなら強いストレートを投げる上で、悪影響が考えられるからです。

スライダーを投げる場合、大きく変化させようという意識が出て、肘から先をひねるように使うケースがあります。この投げ方だと前腕に大きな負担がかかり、過度なストレスがかかって故障につながりかねない。手先で曲げようという意識になると、肘も下がってきます。そうするとスライダーの曲がり幅は大きくなるかもしれませんが、ストレートを投げる際に体を大きく使えなくなってしまいます。

もちろん、スライダーでもうまく投げられれば問題ないかもしれませんが、かなりレベルの高い話です。特に投球フォームをつくり上げている段階の育成世代の場合、悪影響と隣り合わせにいることを頭に入れておいてください。

ちなみにドミニカのアカデミーでは、投球フォームと体をつくり上げている段階の10代後半の投手たちに対し、スライダーなど変化球に関しては制限をかけながら公式戦に臨んでいます。スライダーは肘の使い方がストレートと逆回転の動きになるので、弊害としてストレートの球速や球威が伸びにくいからです。まだ若い段階では、強いストレートを磨くほうが大事だとされています。

今季オリックス・バファローズで大活躍した山下舜平大投手は福岡大学附属大濠高校時

代、監督の方針もあって変化球はカーブだけを投じていました。中学時代はスライダーやチェンジアップも投げていたけれど、速球を磨こうという意図があったそうです。

やはり、投球の基本はストレート。それを磨いた上で、変化球では最初にチェンジアップを覚えるのがドミニカでは一般的です。なぜなら握り方が変わるだけで、ストレートと同じ投げ方をすればいいからです。その次はカーブ。ともに肘への負担が少ないとされる球種です。

球種の選択に加え、大事なのは投球数と登板間隔の管理です。成長段階の小中学生で肘を痛めると、再発のリスクが高まるというデータがあります。逆に小中学生の段階で痛めなければ、高校入学以降に故障する可能性はかなり下がります。

堺ビッグボーイズで参考にしているのが、MLBが推奨している「ピッチスマート」というガイドラインです。7歳から22歳までの投手について、1日の最大の球数や、登板間隔を踏まえての休養日数が示されています。

10代の投手たちは成長段階にあるので、全力投球の数は適度に抑えながら、じっくり能力を育んでいくことが重要です。

年齢・投球数・休養日数のガイドライン

MLBのガイドライン「Pitch Smart」と「NPO法人奈良野球少年を守る会」HPを参考に著者作成

年齢	1日最大投球数	投球数に対する必要な休養日数				
		0日	1日	2日	3日	4日
7～8歳	50球	1-20球	21-35球	36-50球	—	—
9～10歳	75球	1-20球	21-35球	36-50球	51-65球	66球以上
11～12歳	85球	1-20球	21-35球	36-50球	51-65球	66球以上
13～14歳	95球	1-20球	21-35球	36-50球	51-65球	66球以上
15～16歳	95球	1-30球	31-45球	46-60球	61-75球	76球以上
17～18歳	105球	1-30球	31-45球	46-60球	61-75球	76球以上
19～22歳	120球	1-30球	31-45球	46-60球	61-75球	76球以上

【その他のルール】

・投球数にかかわらず３日続けて登板することはできない。

・１年間のうちに下記の休息期間を挟まずに連続して100イニング以上投げてはいけない（12歳以下は80イニング、８歳以下は60イニングを超えてはならない）。

・１年間の中で少なくとも４ヵ月の投球休息期間を設ける。そのうち２～３ヵ月は連続して設ける。

堺ビッグボーイズの練習メニュー動画

第４章内で登場する「逆シングル」「ベアハンドキャッチ」などの捕球の練習や、「置きティー」などの打撃の練習、「フレーチャ」を使った投球・送球の練習、ダブルプレーの実戦的メニューは下記のＱＲコードから動画を見ることができます。

捕球編

【メニュー】
コロコロノック①〜⑤
通常ノック
ベアハンドキャッチ
高いバウンドへの対応
逆シングル右回転

打撃編

【メニュー】
STEP1　置きティー
STEP2　正面ティー
STEP3　ショートバットを使った置きティー

スローイング編

【メニュー】
フレーチャを使ったトレーニング３種類
STEP1 ／ STEP2 ／ STEP3

ダブルプレーを例にしたショート・セカンドの守り方

【メニュー】
6-4-3
4-6-3
6-6-3

第5章

リーグ戦化を推進する意義

私は2014年にグアテマラから帰国して以来、日本でもトーナメント戦ではなくリーグ戦を導入するべきだと考えて活動しています。

甲子園を頂点とする高校野球の場合、秋、春、夏の大会でいずれも初戦で敗退すると、公式戦は年間3試合しかできません。高校球児の中には一度もベンチ入りできない選手もいて、その場合は公式戦出場経験0で終えることになります。対して、例えば大阪桐蔭は2021年9月4日の秋季大会から2022年夏の甲子園準々決勝で敗れるまで41試合を戦っています。

堺ビッグボーイズが所属するボーイズリーグも、公式戦はほぼすべてトーナメント戦です。関西秋季大会と年2回の全国大会がメインの大会で、そのほかにもいわゆるローカル大会があります。勝てば多くの試合をできますが、先に進めば進むほど連戦になって投手や捕手への負担がのしかかる。一方、負ければそこで終わりなので、実戦経験を積むことができません。

以上のような環境を変えていくために2014年、堺ビッグボーイズは主催していた「堺ビッグボーイズ大会」を廃止して「フューチャーズリーグ」を始めました。主に関西のチームを招き、9月から11月にかけてリーグ戦を始めたのです。グアテマラから帰国したばかりの私はこの大会の立ち上げに携わったわけではなく、「いい取り組みなので、横展開できそうだな」と見ていました。

そうして高校野球におけるリーグ戦の取り組み「リーガ・アグレシーバ」に至るのですが、もともとリーグ戦を始めようと思って動き出したわけではありません。

２０１５年春、「海外の指導方法を学びたい」という主に高校野球の指導者が有志で集まってくれて、全国各地で定期的もしくは単発のセミナーを始めました。内容は、本書でここまで述べてきたようなドミニカ共和国の選手育成システムや、指導者と選手の関係性、将来の活躍につながる技術指導方法などです。

指導者たちはセミナーで得たものを選手たちにどう伝えていけばいいか。高校野球では秋の大会に敗れた後、冬のオフシーズンを迎える11月末まで時間ができるので、「単に練習試合を行うのではなく、リーグ戦形式の取り組みをしたほうが良いのでは」と提案させてもらいました。それが２０１５年秋、大阪の６校で始まったリーガ・アグレシーバ（発足当初は「リーガ・フトゥーラ」という名称）です。

少しして、同様に指導者向けのセミナーを定期的に開催していた新潟と長野でもリーグ戦が始まりました。大阪での取り組みを参考に、選手の競技力向上、指導者のコーチング力向上に努めていこうとスタートしたのです。

当時から全国各地には「市内リーグ」や「私学大会」など、リーグ戦を含めて公式戦以外の取り組みはすでにたくさん存在しました。そんな中でリーガ・アグレシーバを始めるにあたり、参加校の指導者たちとコンセプトを話し合いました。

そもそも指導者は何のために教えるのでしょうか。選手たちの技術力の向上や、人間的な習熟、失敗から立ち直るレジリエンス（回復力）、チームにおける協調性、状況を打開できる発想力などが挙げられます。これらは野球を続けていく上で重要なスキルですが、社会人として生きていく上でも非常に大切な力だと思います。

同時に、指導者自身が成長していくことも重要です。そうした力を醸成できるリーグ戦にしていくことが大事なので、コンセプトを「選手の未来にフォーカスしたリーグ」としました。その意味を込めて、スペイン語で「リーグ」を意味する「リーガ」と「未来」を意味する「フトゥーラ」としたのです。

6年後の2021年になると参加校も増え、リーグ名の公募を行いました。選手も指導者も積極的にチャレンジできるリーグにしようという思いから、同じくスペイン語で「積極性」を意味する「アグレシーバ」という言葉を用いた「リーガ・アグレシーバ」という名が選ばれました。

スライダーを制限する目的

２０１５年に大阪でリーガ・アグレシーバを始めた際、ルールとして決めたのは「投球数および登板間隔の制限」と「変化球の制限」です。

当時の日本ではまだ、「投手の球数管理を慎重に行うべきだ」と言われていたわけではありません。ＭＬＢのピッチスマート（１２８ページ参照）を参考に、投球数を制限するルールと一定以上の登板間隔を定めました。

また日本の高校野球では変化球の割合が非常に多いので、全体投球の25％以下に抑えるように規定しました。ストレートをどんどん投げて勝負して磨いていくことと、肘への負担がかかりやすい変化球はそこまで多く投げないようにしようという意図がありました。特にスライダーを投げるのはやめようと申し合わせました。

高校生がスライダーを投げることには、さまざまな意見があります。第４章でも述べたように、ストレートを投げるときと、スライダーを投げるときでは肘の使い方が反対の回転になるためケガのリスクがあります。日本でトミー・ジョン手術の第一人者として知られる慶友整形外科病院の古島弘三医師は若年層でスライダーを投げるリスクに警鐘を鳴らしています。

一方、「正しく投げればそこまでのリスクはない」と言う人もいます。実際、「高校で野球をやめるつもりだから、リーガでもスライダーを投げたい」という投手もいました。

しかしリーガ・アグレシーバで重視するのは「選手の未来」で、そのためのルールを設けようというのが趣旨です。スライダーを多投する投手がチェンジアップやカーブを習得すれば、投球の幅が広がります。そうして投手としてレベルアップすると同時に、ケガのリスクを軽減することにもつながる。その先には野球人生を少しでも長く、充実したものにしてほしいという思いが込められて「スライダーは封印」というルールを設けました。

木製＆低反発バットのメリット

リーガ・アグレシーバで次に導入したルールが、「飛距離の出にくいバット」の採用です。

きっかけは堺ビッグボーイズでロサンゼルスに遠征した際のことでした。試合中に相手チームの指導者と審判が我々のベンチに来てバットについて話し合った直後、「日本の金属バットは飛びすぎるから、うちの大会では規定違反だ」と言い渡されたのです。

アメリカで反発基準の認定を受けた「ＢＢＣＯＲ・50」という低反発バットを借りて試合に出ると、バットの芯に当てるだけでは飛んでいきませんでした。いつも日本で使っている金属バットなら、外野の頭を越えて長打だと思った打球が外野手に難なくキャッチされます。ヒット性だと思われた当たりも、内野手の頭を越えません。バットの違いにより、日本とアメリカの野球の質が全く違うと感じました。

アメリカのように低反発のバットを使わないと打撃技術が向上しにくいし、投手のケガの予防にもつながらない。日本で従来使用されている金属バットは反発係数が高く、低反発バットに比べて打者有利のため、ピッチャーはどうしても投球数が多くなりやすいのです。「打たれたくない」と考えて変化球を多く投げたり、きわどいコースを狙ったりするからです。そのように考えて、リーガ・アグレシーバでは２０１７年から木製バットか低反発バットを使用することにしました。

当時、日本では低反発バットがほぼ販売されていませんでした。そこで私が渡米した際に中古の「ＢＢＣＯＲ・50」認証のバットを購入し、リーガ・アグレシーバの参加校に使ってもらいました。

木製バットや低反発バットを使用するメリットはたくさんあります。まず、大学や社会人では木製バットになるので、高校卒業後に野球を続ける選手は準備をすることができます。日本で使用されている金属バットは反発力が高く、手打ちのような形でも飛んでいく一方、木製や低反発ではインサイドアウトのスイングをする必要があります。そうした打撃力を身につける機会にしようと考えました。

投手の立場からすると、変化球でかわすのではなく、ストレート中心でストライクゾーンに投げ込んでいけるという利点があります。ピッチャーがストレート中心でストライクゾーンにどんどん攻めてくるので、バッターはボールをしっかり捉えなければいけません。

リーグ戦の後に選手たちに実施したアンケートを見ると、投手は「ストライクゾーンにストレート系を投げ込んでも、それほど痛打されることがなかった。自分の投げる球も打たれないという自信になった」という声が多くありました。

対して打者からは、「木製バットや飛ばない金属バットでの打撃の難しさがわかった。

これまでは自身の打撃技術ではなく、金属バットの性能で飛ばしていたことに気づいた」という意見が非常に多く聞かれました。投打ともに新たな気づきがあるので、このルールは今後も継続していく予定です（２０２４年から規格変更となる日本高野連の新基準バットを使用可とするかどうか、各地の指導者間で調整してもらいます）。

リーガ・アグレシーバの独自ルール

全国各地で運用は少々異なりますが、次の項目がリーガ・アグレシーバで定めているルールです。

①球数制限（１日１００球まで）
②変化球の制限（カーブとチェンジアップのみ投げることができ、投球全体の25％以内）
③登板間隔ルール（ＭＬＢのピッチスマートを参考に導入）

④木製もしくは反発値が抑えられた金属バットの使用

また、以下は各地で独自に採用しているルールの一部です。

⑤DH制もしくは再出場制度
⑥1日2試合＝18イニングのうち、1人が出場できるのは12イニングまで
⑦送りバントの制限（1試合2回まで）
⑧試合終盤には無死一、二塁や無死満塁など状況設定してイニングを開始

大事なのは、どうすれば試合を通じて最も成長できるかを考えることです。当然大差の展開より、接戦のほうが考える機会も多くなるでしょう。

そのために⑧のように、試合終盤は無死一、二塁など走者がいる状況からイニングを始

める地域もあります。緊迫した状況を多く体験できますし、タイブレークの練習にもなるからです。

⑦の送りバントの制限は、指導者間で「低反発バットや木製バットを使用するからといって小技中心の攻撃スタイルになるのではなく、飛びにくいバットでもしっかり振り、打撃力向上を図ろう」と話し合ってルール化しました。

⑤の再出場（リエントリー）は女子ソフトボールで採用されていますが、先発した選手が交代した後にもう一度出場できることです。選手たちには出場機会が多くなり、指揮官には起用のバリエーションが増えます。

これらのルールを導入するにあたり、効果があるのか明確にわかりませんでした。そこでまず導入し、狙いどおりにならなければ柔軟に変えていこうと話し合いました。選手に「チャレンジしよう」と言っている以上、大人もルールづくりでチャレンジしようと考えたからです。

大阪では当初、「送りバントは常に禁止」というルールにしていました。そうすると積極的に打っていく姿勢や、走塁で次の塁を果敢に狙う意識は高まる一方、内野手が「バントはない」と警戒しなくなるため、「守備面で公式戦とかけ離れる」という意見が出ました。そこで1試合で使える送りバントの回数を制限しました。守備側からすれば、相手がどの場面で送ってくるのかわかりません。つまり公式戦と同じ想定で守ることになり、守備面でも実効性のあるルールとなりました。

当然、リーグ参加校の指導者同士は異なる考え方を持っています。例えば、送りバントについて、「回数を制限せず、自由にできるようにしてほしい」という人もいました。

一方、そもそも低反発バットを使って「打撃力向上」という目的を掲げているため、送りバントの制限を緩和したくない指導者もいます。どちらが〝正解〟という話ではないので、話し合いながら参加者たちで納得できるところに着地点を見つけるのが大事だと思います。場合によっては、選手も一緒に議論したほうがいいでしょう。

個人的には、「送りバントは1試合2回まで。3回目以降に行う場合、ファウルになった時点で打者はアウト（通常の送りバントで、3バント目がファウルになったら三振でアウトになるのと同じルール）」とするのがいいと思います。バントの制限はしないものの、リスクを高めることで、サインを出す監督の決断にも関わってくるからです。

他者の気持ちを知るためのルール

リーガ独自のルールで、指導者が三塁ランナーコーチを務めることを認めている地域もあります。主な目的は、コーチの指導力向上です。

例えば走者が二塁にいて、ライトへのシングルヒットで三塁を回るかどうか。その判断は三塁ランナーコーチにゆだねられるケースがほとんどだと思います。本塁突入してアウトになる、もしくはセーフのタイミングで止めてしまった場合、指導者はランナーコーチを任された選手を叱責して〝責任〟を押しつけることもできます（実際そのような場面にも何度か出くわしました）。しかし選手だけがその〝責任〟を負わなければならないのでしょうか。そこで、指導者自身も選手の立場を理解してもらうために、指導者自身が三塁ランナーコーチを務めるのです。実際に大阪のリーガでは、三塁ランナーコーチを務めた指導者の判断ミスで負けた試合がありました。

「いつもはコーチャーとして的確な判断をできなかった選手のせいにしているけれど、自分が務めてみて、実際に行う難しさを実感しました。自分も経験をもっと積み、選手たちと一緒に成長していきたいです」

その指導者は三塁ランナーコーチを務めたことで、難しさがよくわかったと話していました。

また高校野球の公式戦ではピンチを迎えた際、マウンドに行けるのは伝令の選手のみですが、リーグでは指導者が足を運んでもいいというルールを導入している地域もあります。その意図は、〝ピンチ＝選手が最も困っているとき〟なので、経験を一番積んでいる指導者が的確なアドバイスをするべきだというものです。公式戦で指導者がマウンドに行くことはできませんが、こういう状況ではどんな考え方をすればいいのかを考えていく。また、どうやって時間をとり、心を落ち着かせればいいかも重要になります。コーチがマウンドに行くことで、選手と意思疎通をする機会になればと思っています。

こちらは導入には至っていませんが、指導者・選手が審判に抗議することを認めることも考えています。

当然、審判へのリスペクトは不可欠です。対戦相手への配慮も同様です。

とはいえ、野球の試合だけでなく、社会に出たとき、第三者から下された判断が正しいと受け入れられないケースも少なからずあります。その際に自分の考えをきちんと伝え、お互いが納得できるように対話していくことも重要です。「高校野球は教育の場だから抗議はできない」という考え方は、ある意味、「意見が合わない場合にどうやってコミュニケーションすればいいのか」という機会を奪っているとも言えます。だからリーガでは、審判に対して抗議をできるようにしてもいいのではと個人的に考えています。

スポーツマンシップの実践

リーガ・アグレシーバでは単に試合を行うだけではなく、スポーツを通じて選手や指導者がともに成長することを大切にしています。

そのための取り組みの一つが、全国の参加校の選手や指導者がオンラインでともに学ぶこと。同じ都道府県の選手同士が参加する場合もあれば、異なる県に住む選手たちがオンラインでつながり一緒に学ぶこともあります。後者は直接対戦しないものの、同じ「リーガ・アグレシーバ」に参加する仲間という位置づけだからです。

テーマは多岐にわたり、医療関係者による「パフォーマンスを最大化するためのケガの予防」、元プロ野球選手が語る「試合で最大限の力を発揮するための心構え」、管理栄養士が教える「高校球児にとって必要な栄養の知識」などがあります。

中でも特に大切にしているのが、スポーツマンシップの学びと実践を行うことです。第2章でも紹介した、一般社団法人日本スポーツマンシップ協会の中村聡宏代表理事に協力してもらい、指導者や選手、保護者も一緒に学べる機会をつくっています。

各チームはスポーツマンシップを胸に勝利を目指す一方、勝利至上主義には陥らない。互いがベストを尽くし、勝っても負けても対戦相手を称えて次の試合に向かう。リーグ戦ではたとえ負けても次があるため、スポーツマンシップを身につけやすい場だと思います。試合後には「アフターマッチファンクション」を実施することもあります。ラグビーで試合後に行われている交流会を参考にしています。

両チームがポジション別などに分かれて輪をつくり、「あの場面ではどんなことを考えていた？」「なぜ、あそこはカーブを選択した？」「外野手の送球がみんな素晴らしかったけど、どんな練習をしていて、普段からどんなことを意識しているの？」などと、将棋の感想戦のように互いの選択を語り合います。

試合だけでなく、普段の準備の仕方や打席での意識、さらに「彼女はいる？」「勉強との両立をどのようにしている？」といったグラウンド外の内容でも構いません。試合で手を合わせた相手と腹を割って話すことで、選手としての成長に結びつきます。

さらに言えば、対戦相手は「敵」ではなく、「同じ年代の仲間」です。試合を終えてから交流することで、「次までにお互い成長して、高め合っていこう」と刺激になる。新たな友情を育む機会にもなるでしょう。スポーツを通じ、人生を豊かにしていけるわけです。

指導者に不可欠な姿勢と参加目的

指導者に対して導入した一つが、学ぶマインドを持ち続けることです。

もともとリーガ・アグレシーバは「指導者のコーチング力を向上させよう。そのためにリーグ戦を活用しよう」というコンセプトで始まった取り組みだからです。参加校が増えてきたので改めて打ち出すことにしました。

「学ぶことをやめたとき、教えることをやめなければならない」

そう話したのは、サッカーフランス代表のロジェ・ルメール元監督です。

「どんなにメジャーリーガーを育てても、指導者として日々新しい発見の連続だ」

何度も紹介しているドジャースアカデミーのバウティスタもそう言います。

「自分が野球というスポーツを完全に理解する日は、自分がこの世からいなくなるまで来ないだろう。今日も新しい発見があり、さらに良い指導者になるにはという旅を続けている。野球のことをわかったと思ったことは一度もないが、ただ一つだけわかったことは、『自分は野球を知っている』という人は野球のことを何もわかっていないということだ」

日々変化する世の中で、常に学び続けている者だけがベストの指導に近づけます。リーガ・アグレシーバに参加している高校の指導者たちが常にこうしたマインドを持って取り組むことで、野球界やスポーツ界に貢献できるのではと考えています。

現在、リーガ・アグレシーバには全国各地の27都道府県で155校が参加し、主に秋の時期に各地で実施されています。

私から伝えるのは、あくまでコンセプトのみ。参加校は公立から強豪私立まで幅広く、レギュラークラスが参加するチームもあれば、1年生を中心に臨むところもあります。どうすれば、参加校にとってできるだけ有意義なリーグ戦にできるか。細かいルールは各地の参加校で話し合って決めてもらっています。

通常のリーグ戦では、すべての参加チームは同じ試合数を消化すると思います。しかし、リーガ・アグレシーバでは必ずしも同じ試合数を実施する必要はありません。必ずべてのチームと対戦し、同じ試合数を消化しなければいけないという前提だと日程を組むのが難しくなり、さらに雨天中止もあるからです。

最も大事なのは、リーグ戦を通じて成長すること。総当たりで多くの試合ができることが望ましいですが、試合数はバラバラでもいいから可能な限り多くのチームと対戦し、できるだけ多くの試合を組めるように調整してもらっています。

野球では「リーグ戦」が基本形式

「そもそもの質問ですが、なぜリーグ戦なんですか？」

リーガ・アグレシーバの取り組みの中で、そう聞かれることがあります。その際、逆に聞き返しています。

「そもそもなぜ、トーナメント戦なのでしょうか？」

世界ではリーグ戦が主流です。そもそもリーグ戦という概念は、スポーツの中で野球という競技から生まれたのではないかとも言われています（『サッカーで燃える国　野球で儲ける国』ステファン・シマンスキー、アンドリュー・ジンバリストより）。

ドミニカのMLB球団のアカデミーが参加するサマーリーグは6~8チームずつに分かれ、各ディビジョンで72試合のリーグ戦を行います。

アメリカのカリフォルニア州の高校では、同レベルの相手との対戦を中心に約30試合（7イニング制）のスケジュールが組まれていました。

日本も参加するU18ワールドカップでは6チームごとに総当たりのオープニングラウンドを行い、その後のスーパーラウンドではオープニングラウンドの別組のチームと数試合が組まれるというフォーマットです。

トーナメント戦という形式は日本ではお馴染みですが、世界では異質と言えるのです。

野球がなぜリーグ戦で行われるのか。その理由は、日本のプロ野球を見るとよくわかります。

2022年のオリックス・バファローズは143試合のシーズンで76勝65敗2分け、勝率5割3分9厘でペナントレースを終え、福岡ソフトバンクホークスと同率で並びましたが、直接対決の成績によって優勝し、その後日本一に輝きました。

日本のプロ野球は1リーグに6チームが所属し、ドラフト会議で戦力均衡が図られる制度があるとはいえ、143試合を消化して勝ち数と負け数が並び、勝率6割に満たなくても優勝できるわけです。ここまで均衡した結果になる競技は他にないのではないでしょうか。

過去のプロ野球を見ても、２０２１年までの15年間で優勝チームの勝率が６割に満たないケースがセ・リーグで10度、パ・リーグで９度あります。逆に、２０２２年パ・リーグ最下位の北海道日本ハムファイターズは59勝81敗３分けで勝率４割２分１厘。セ・リーグ最下位の中日ドラゴンズは66勝75敗２分けで勝率４割６分８厘。10試合のうち４回以上勝つ計算なので、一発勝負ではどちらが勝つかわかりません。こうした傾向は、運や調子によって左右する要素も多い野球という競技の特性を表しているように感じます。

そう考えると、アマチュア野球でも負けたら終わりのトーナメント戦ではなく、負けても次があるリーグ戦のような仕組みをつくる必要があると思います。

リーガ・アグレシーバの活用例

リーガ・アグレシーバの参加校は、それぞれが参戦する目的と動機を持っています。

例えば、いわゆる強豪ではないチームで多いのが、秋の時期に選手のモチベーションを維持すること。秋季大会で初戦敗退したら、半年以上先の春まで公式戦はありません。オフシーズンに入る前の11月まで練習試合を組んでいくことになりますが、「何のために行うのかわかりにくい」という声を聞きました。

それがリーガ・アグレシーバに参加することで、大きなモチベーションを持てるようになったというのです。リーガ・アグレシーバでは打率、本塁打、打点、盗塁など個人成績も出せるので、参加している全体の中で自分の実力を知ることができます。そうして選手としての強みがわかる一方、春までに改善しなければいけない点も浮き彫りになるのです。

毎週末に試合があるので、1週間のサイクルがつくりやすいこともメリットです。選手は試合に向けて調整し、気持ちを高めていく。指導者は選手たちの状態を見極め、どういうメンバーにすれば勝てるかを考える。一発勝負のトーナメント戦ではなく、一定期間に試合が定期的に行われるリーグ戦なので、計画的にチームをつくっていけるわけです。

リーガ・アグレシーバには全国的に知られる強豪私学も参加していて、その一つに長野の佐久長聖があります。同校は県外から入学している選手が多く、ＰＬ学園を長らく率いていた藤原弘介監督は「自分たちは地元の学校とも交流したいと思っているが、どうしても〝外様感〟がある」と話していました。そのため、「地元の高校と交流する機会がたくさん持てる」とリーガ・アグレシーバへの参加を決めたのです。

実際に取り組んでみると、同じ地域で野球をしている高校生と対戦でき、かつ自分たちのことも知ってもらえて、「お互いが仲間だと認識できた」そうです。別個で活動しているだけだと「あいつら、甲子園のために外から来やがって……」と不要な距離ができてしまいがちですが、リーグ戦を通じてコミュニケーションをとることができる。藤原監督は「非常にいい機会になっている」と語っていました。

佐久長聖はリーガで、試合に勝っている間は同じ選手が出場するという決まりを設けています。逆に負けたら、今度は違う選手たちにチャンスがやってくる。そうしてリーグ戦に真剣勝負で向かえるサイクルをチーム内でつくり、選手たちも楽しみにしている様子です。

一方、神奈川の慶應義塾高校は２０２２年、秋の関東大会でベンチ外となったメンバーを中心に参加しました。公式戦の出場機会に恵まれなかった選手たちが背番号をつけて出場し、「チームの代表」というモチベーションが生まれたそうです。

逆に関東大会でベンチメンバーだった選手には〝視点〟を変える効果があったと、森林貴彦監督は話していました。

「関東大会の登録選手はサポートに回り、『自分たちはこうやっていつも支えてもらっている』と認識できました。チーム内の立場を変えられたのも良かったです」

京都の立命館宇治は1年生主体でチームを組んで参加しています。Aチーム（一軍）の2年生は練習試合があるので、来年主力になってほしい1年生に実戦経験を積んでもらうためです。

立命館宇治で独特なのは、立命館大学に進学して野球を続ける3年生にチームに加わってもらうことです。彼らにとって、木製バットで試合経験を積めることは大きい。さらに、3年生が1年生に教える機会にもなるそうです。里井祥吾監督はプラスの効果を話してくれました。

「1年生は3年生を『うちの4番や』『エースや』という目で見ていると思うので、そういう人たちと一緒に野球をできるのはいいことだと思います。3年生がアドバイスしてくれていますが、僕らが言うより影響力もありますしね」

広島県の武田高校は「LIGA瀬戸内」で岡山県の高校と取り組んでいます。武田高校は54人（2022年秋時点。2学年の選手数）と部員数が多い中、リーグ戦の個人成績が最も良かった選手には春のベンチ入りを確約されているとのことです。そうして普段の練習からモチベーションを高め、リーグ戦でも最後まであきらめずにベストを尽くそうと心がけることにつながっていると岡嵜雄介監督は話していました。「ＬＩＧＡ瀬戸内」の参加校では、おかやま山陽高校が２０２２年秋季岡山県大会で優勝、広島県立神辺旭高校が同年広島県大会４位と、非常にレベルの高いリーグになりました。

一方、香川県の県立多度津高校の前川正勝監督はリーガならではの利点についてこう語っています。

「低反発バットか木製バットに限定しているため、どの試合も僅差になりやすい。大差の試合では、自分たちのどこが良くて勝てたのか、あるいはどこを克服すべきかわかりにくい場合が多い。対して僅差で勝敗が決すると、『このプレーで勝てた』『ここがまだ足りていなかったから負けた』など、自分たちの強みや課題がわかりやすく出ることが多い。大差の大味な試合ではなく、１点を争う野球本来の面白さを体験できました」

同じく香川県の高瀬高校の杉吉勇輝監督（※２０２３年春から丸亀高校に赴任）は、「打球が飛びにくく点数が入りづらくなった分、走塁への意識が非常に高くなった」と話していました。

リーガ参加校の飛躍

2023年夏の高校野球では、リーガ・アグレシーバの参加校が大きく飛躍した姿を見せてくれました。

リーガを通じて前年にスポーツマンシップ講習を受けた高校89校（2023年度からの新規参加校と、前年に実施していない高校を除いた数）の成績を調べたところ、全体で115勝85敗、勝率5割7分5厘でした。参加校には公立高校も多い中、非常に高い勝率だと思います。一概に比較できないかもしれませんが、2022年のプロ野球の優勝チームの勝率を見ると、東京ヤクルト・スワローズが勝率5割7分6厘（80勝59敗4分け）、オリックス・バファローズが勝率5割3分9厘（76勝65敗2分け）。リーガ参加校の勝率は非常に高いと言えるのではないでしょうか。

もちろん勝敗がすべてではなく、勝利という結果のためだけにリーガ・アグレシーバに取り組んでいるわけではありません。リーガが各校の活動のすべてではなく、ほんの一部にすぎないとも思います。

ただし、各選手たちが野球に取り組む目的や意義を突き詰めて考え、かつ彼らが最大限に成長できる環境を整えたことで、結果的に勝利にも近づいていけるのではないでしょうか。

上記89校の中から４校が甲子園出場を果たしました。おかやま山陽高校（岡山県代表、6年ぶり２度目）、東京学館新潟高校（新潟県代表、初出場）、慶應義塾高校（神奈川県代表、５年ぶり19度目）、立命館宇治高校（京都府代表、４年ぶり４度目）です。いずれの高校も決して毎年のように甲子園に出場しているわけではなく、「超」がつくような強豪ではありません。

東京学館新潟高校は創部40年目で初出場。リーグ参加校の日本文理高校に準々決勝でサヨナラ勝利を飾り、準決勝でも同じくリーグ参加校の北越高校を下し、決勝では中越高校に９回２アウトからの逆転サヨナラで初出場を決めました。

慶應義塾高校は２０２３年春にセンバツ出場した後、夏は強豪ひしめく神奈川県大会を突破しました。準決勝で東海大相模、決勝では横浜高校と甲子園の常連校に勝利しています。出場校数が増える記念大会での出場を除くと、神奈川代表としてじつに61年ぶりの代表校になりました。

その慶應義塾高校から刺激を得て、原動力に変えたのが立命館宇治高校です。じつは慶應義塾高校が春にセンバツに出場する直前、「リーガ・アグレシーバ　スペシャルデイ」と題して立命館宇治高校のグラウンドで練習試合を行ったのです。試合後にはアフターマッチファンクションも行われました。

立命館宇治高校の西田透部長は、この日に得た収穫が大きかったと振り返っています。「慶應義塾高校と練習試合を行った後、アフターマッチファンクションでは選手同士がポジション別に分かれていろいろ意見交換させてもらいました。狙い球の決め方、トレーニングの方法などです。試合では、慶應さんに大敗しました。しかし、慶應の選手たちからスポーツマンシップの理解などを感じ、ああいうチームになりたいと思いました。うちにとって慶應との試合がターニングポイントになり、その後の春季大会は準優勝。夏に優勝を飾り、甲子園に出場することができました。選手たちは最後まで相手をリスペクトし、ベンチでも『自分たちの野球をやり切ろう』という声がよく出ていました」

西田部長はリーガを通じてさまざまな成果を感じたからこそ、「こうした取り組みが新たな高校野球の価値として全国に広がっていくことを心から願っています」と語っていました。

一方、甲子園で慶應義塾高校と並んで注目を集めたのが、おかやま山陽高校です。２度目の出場となった今夏、創立１００周年で甲子園初勝利を挙げると、準々決勝まで勝ち進みました。

慶應義塾高校とおかやま山陽高校は、学校の特色も、指導者のカラーもまったく違いますが、〝勝利〟というものの位置づけや、野球との向き合い方という意味では共通点があると感じています。両者とも、自分たちの勝利だけを目指して野球をプレーしているわけではないからです。

慶應義塾高校の森林監督は、「これからの時代の高校野球のあるべき姿」を提案しています。例えば選手たちの主体性を大切にし、「指導者からの指示に従うばかりではなく、自ら最適なプレーの選択ができる選手になろう」ということです。高校野球の髪型は長らく丸坊主にするチームが多かった中、慶應義塾高校では選手たち自身で髪型を決めています。さらに監督と選手がフラットな関係でいられるよう、「森林監督」ではなく「森林さん」と呼ぶ。こうした取り組みを通じ、慶應義塾高校は選手主体のチームづくりをしながら甲子園で１０７年ぶりの優勝を飾りました。勝つことで自分たちへの注目度が高まると力に変えながら、「野球界全体をいい方向に変えていこう」という姿勢を存分に見せてくれました。

かたや、おかやま山陽高校の堤尚彦監督は私と同じ元青年海外協力隊員です。甲子園を勝ち進む中で東京五輪の予選でジンバブエ代表を率いた経歴も話題になりましたが、堤監督は世界に野球を普及・振興させるという目的もあって高校野球に携わり、おかやま山陽の選手たちと一緒に活動しています。その一例を挙げると、中古の野球道具を集めて世界各国に送ること。さらに、おかやま山陽のＯＢやコーチが青年海外協力隊員に転身し、野球普及を掲げて世界に羽ばたいています。堤監督は、グローバルで見れば〝マイナー競技〟の野球を世界に広げていきたいという思いを持っています。そのために選手たちを巻き込んで活動しているのは、非常にすごいことだと感じます。

勝ち負けだけではない、スポーツマンとしての行動

２０２３年夏の青森大会は準決勝敗退となりましたが、その後、素晴らしい行動力を見せてくれたのが弘前学院聖愛高校です。準決勝の２日後に行われた決勝で、スポーツマンシップに則った振る舞いを披露しました。

青森大会の決勝は八戸学院光星高校対八戸工業大学第一高校で、弘前学院聖愛高校野球部は大会補助としてグラウンド整備を担当しました。ほとんどの高校では夏の大会に負ければ、「3年生は引退」となります。つまり大会補助は2年生が行うことになりますが、弘前学院聖愛高校野球部に「引退」という言葉は存在せず、活動を続けます。準決勝の翌々日の決勝では、3年生が率先してグラウンド整備を担当しました。

そのときの様子を同校の原田一範監督はこう振り返っています。

「決勝戦はタイブレークとなり、優勝したのは八戸学院光星高校でした。でも内容は一進一退で、どっちが勝ってもおかしくなかった。実力伯仲で、素晴らしいゲームでした。しかし試合後、勝者には取材が殺到してお祭り騒ぎになった一方、負けた八戸工大一高への取材記者は2、3人しかおらず、選手たちは悔しい思いを噛みしめていました。

そんな八戸工大一高の選手たちですが、退場する前、グラウンドから挨拶をしました。すると、グラウンド内から大きな拍手が沸き起こったのです。音がする方向に目をやると、弘前学院聖愛高校の3年生たちが八戸工大一高のプレーヤーに対し、全力で拍手を送っていました。八戸工大一高の選手たちが『ありがとう！』と感謝を伝えると、拍手はより大きくなっていきました」

その光景を想像しても、素敵なやり取りです。弘前学院聖愛高校の選手たちは2日前に敗退したばかりで、悔しい気持ちを切り替えられていたかはわかりません。八戸学院光星高校の優勝を目の当たりにした中、自分たちが敗れた八戸工大一高の選手に対して心から拍手を送りました。しかも、選手自身の判断によるものです。スポーツマンシップを学び、スポーツの本質を理解して取り組んでいる高校だからこそできた行動ではないでしょうか。

仲間、ライバルを応援し、自身の成長につなげる

スポーツマンシップによる行動は、甲子園のスタンドでも見られました。大阪府立門真なみはや高校の監督と選手たちが、慶應義塾高校が3回戦で広陵高校と対戦した際、「同じリーガ・アグレシーバの参加校だから」とアルプススタンドの応援に加わったのです。試合はタイブレークにもつれる大接戦の末に慶應義塾高校が勝利し、準々決勝進出を決めました。

門真なみはや高校と慶應義塾高校は、活動する地域も野球をする環境も違いますが、同

じスポーツを愛する高校生であり、同じリーガ・アグレシーバという取り組みを行うことでつながっています。応援に訪れた門真なみはや高校の選手がこんな話をしていました。「高校野球を見に来たのは初めてで、学びもありながら、楽しく応援することができました。リーガ・アグレシーバという同じ舞台で戦っている仲間として応援できるのは誇らしいことです。自分たちも慶應義塾高校のようにもっと応援されるような人になるべく、野球もそれ以外も頑張ろうと思いました」

一緒にスタンドから声援を送った藤本祐貴監督はこう話していました。「他校の選手に対して『仲間』という認識を持てるのは、リーガでスポーツマンシップを学んでいるからこそだと思います。頑張っている仲間たちを応援し、その姿から学びを得る。それができるのはリーガ・アグレシーバの強みではないでしょうか」

２０２３年夏、リーガ参加校が甲子園や地方大会で奮闘しました。勝敗はもちろん、結果以外のことでも価値のある取り組みが参加校で広がっています。そうやって切磋琢磨し合うことこそ、リーガとして今後も目指していくところです。

甲子園はリーグ戦で開催可能

2023年夏の大会がすごく盛り上がったように、日本伝統の甲子園は素晴らしい大会です。野球の文化をつくり上げる上で、大きく寄与してきたのは間違いありません。だからこそ、もっと素晴らしい大会になってほしいと私は考えています。

皆さんご存知のように、甲子園は一発勝負のトーナメント戦で開催されます。地方大会でも同じ形式です。

日本のアマチュア野球の公式戦は、当たり前のようにトーナメント中心で行われています。その象徴が甲子園大会です。すでに100回以上の歴史があり、トーナメント戦での開催が〝伝統〟として根づいています。一方、海外の大会はほぼすべてリーグ戦で実施されます。トーナメントいう方式は、日本独特の文化と言ってもいいでしょう。

では、甲子園大会をリーグ戦で開催することは可能でしょうか。私はできると考えています。通常、センバツの出場校は32校。4チームを8つに分けてグループリーグを実施します。勝ち抜けを2位以上にすれば、16チームが残ります。そこから決勝トーナメントを行い、優勝チームを決定します。

トーナメント戦なら全部で31試合行われますが、4チーム総当たりのリーグ戦を採用すると63試合。その実施方法として、グループリーグ3試合のうち1試合は必ず甲子園で行えるとし、残りは近隣の球場で実施します。京セラドームやほっともっとフィールド神戸（旧愛称グリーンスタジアム神戸）、大阪シティ信用金庫スタジアム（舞洲ベースボールスタジアム）など球場はたくさんあるので、日程は消化でき、現在の開催日数と同程度の日程で終えられます。現に大阪シティ信用金庫スタジアムは、甲子園出場校に試合がない日の練習会場として割り当てられています。甲子園と同様、他の球場でも入場チケットを販売して大会運営費に充てます。

この方式のメリットは、どのチームも必ず最低3試合できることです。サッカー日本代表の故イビチャ・オシム元監督は全国高校サッカー選手権大会を見て、こうした内容を話していました。

「せっかく全国から強豪チームが集まっているのに、負けたら1試合で帰らせるとはどういうことだ。これだけ強豪校が集まっていたら、せめて予選リーグをするべきだ。こんな方式をとっている国はない。これでは選手の成長につながらないではないか」

オシム監督の指摘は野球にも通じると思います。1回戦で敗退したチームはすぐに帰郷することになります。一方、大会後半に初戦を迎えるチームは開会式から待機する日程が長く、その間、練習試合も許されていません。また、1回戦を勝ったチームは2回戦まで1週間程度待つこともあります。この期間にも試合ができれば、選手の経験値向上につながるはずです。

東北や北海道、九州など遠方からやって来るのは、出場する選手だけではありません。保護者や応援団、吹奏楽部、OBなど数多くの人が観戦に来ます。1試合で帰ることになると〝費用対効果〟としてもったいないので、最初から最低3試合できるような設定にしておきます。

さらに、投手の投球数や登板間隔などの規定を定め、多くの投手が登板できるようなルールにしておきます。グループリーグの2位以上が勝ち抜けるということは、1回負けても次に進むチャンスがあるということです。せっかく全国から強豪チームが集まってくるので、1試合で終わる学校が半分もあるのは〝機会損失〟です。トーナメントではなく、リーグ戦で行うメリットは大きいのではないでしょうか。

一方、夏の甲子園の出場校は通常49校なので、参加校を48にする方式が一つ考えられます。例えば地方大会の出場校が少ない都道府県から4つを抽出し、4チームで〝逆トーナメント（敗者同士で再度試合）〟を行います。1チームは敗退となりますが、それでも甲子園で2試合を行うことができます。

もしくは参加校を3校増やして52校にしてもいいでしょう。例えば、春のセンバツ大会で優勝した高校の都道府県に1枠を与えるなど、同地域のライバル校を応援できる仕組みをつくってはどうでしょうか。

出場チームを52校にした場合、4チーム×13リーグとなります。決勝トーナメントに進むのを16チームにすると、ワイルドカード（2位での勝ち上がり）は3チームと少なくなりますが、1敗してもチャンスは残ります。夏の熱中症対策として、予選リーグは7イニング制で実施。投手の負担軽減にもなります。

以上はあくまで私案ですが、甲子園大会をリーグ戦で開催するメリットは数多くあります。理想は各都道府県大会もリーグ戦で行うこと。実力別に複数のリーグ戦に分けて実施すれば、実力伯仲の相手と多くの試合をできるので盛り上がるし、育成の観点からも利点が多いでしょう。また、センバツ出場校の参考となる地方大会でもリーグ戦を採用するメリットは大きくあると思います。

もちろん実際に変更するためには様々な障壁があることを私自身も理解しています。しかし、今、野球界に求められているのは、どのような形式が選手全体にとって理想的かを考え、その上で、できない理由を探すのではなく、どうすればできるかを立場にかかわらずアイデアを出し合い、できるところから実行していくことではないでしょうか。日本高校野球連盟には3500以上のチームが加盟していますが、トーナメント方式の場合、1回戦で負けて敗退するチームが半分、さらに半分は2回戦で敗退し、約75%のチームが1つの大会でわずか1～2試合しか行えていない現状があります。

果たしてこの方式が本当にベストなのか。秋の大会も、最近では9月まで残暑が厳しい天候が多いですが、大半のチームがまだ暑い時期の9月中に敗退し（中には8月中や、夏の甲子園開催中に敗退し）、年内の公式戦を終えてしまいます。気候も涼しくなり、最も野球をプレーしやすい時期、選手の成長につなげやすい10月・11月に公式戦がなく選手の成長の機会を確保できていない現状もあると思います。

これらの点もトーナメント制に起因しているところもあると思うので、全体の大会のあり方を含めて考え直す時期に来ていると私は思っています。

高校生だけでなく、中学生、小学生にもリーグ戦が広がっていけば、より良い育成環境ができるはずです。

第6章

日本野球への提案

私が2014年に帰国してから、まもなく10年が経とうとしています。帰国当時を振り返ると、日本で投手の球数制限に関して気にかけている野球関係者はごく一部でした。中高生の使用している金属バット（小学生の複合バットも）が「飛びすぎるのでは？」という疑問を持つ人や、野球人口減少を危惧している人もほとんどいなかったのです。

堺ビッグボーイズでは当時からチーム独自で投球数、登板間隔の制限をかけて大会に臨んでいましたが、それはあくまで自チームによるもの。対戦相手は7イニング完投し、前日に完投した投手が翌日登板することも日常茶飯事でした。

そんな10年前から比べると、野球界全体ではさまざまな変化が起こり、新たな取り組みも始まっています。

一方、議論がまだ十分にされていない課題もあります。今後の野球界の発展を考えたとき、さらなる変化が必要です。

そこで最終章では、年代ごとに起き始めている変化（野球界の希望）と、さらなる発展のための課題について記したいと思います。

小学生年代で起き始めた変化

野球は、日本では伝統的に人気スポーツで、競技者も多く、普及活動をほとんど行ってきませんでした。

しかし2010年頃から小学生の学童野球、中学軟式野球の競技人口が減り始め、以降の10年間で約40％減少というデータもあります。少子化による人口減少に対し、じつに8倍ものスピードで野球人口は減っています。

そのような状況の中で、他競技に遅ればせながら野球界でも普及活動が行われるようになりました。野球の特徴として中学以降で始める選手が極端に少なく、小学生年代への普及活動は重点的に行っていくべきだと思います。

堺ビッグボーイズと同じ大阪に拠点を構え、同府の北部を中心に活動しているNPO法人「北摂ベースボールアカデミー」では、まだチームに入っていない子どもたちが野球に触れる機会を持てるように週に一度、平日の放課後に通える野球教室を実施しています。

世間では「野球＝お金がかかる」というイメージがあるかもしれませんが、北摂ベースボールアカデミーではユニフォームも野球道具も買わなくてOK。チームから貸してもらえるからです。服装は自由です。

お茶当番もなく、保護者はグラウンドで見守っている必要もありません。コーチが寄り添い、楽しく、安全に野球をプレーできるようにしています。

私が見学に行った２０２３年9月14日には、小学生低学年中心に約20人の子どもたちが参加していました。最初にホームラン競争のように、選手たちが思い切りバッティングを楽しめる時間をつくり、後半はゲーム形式で行われていました。「野球は難しい」という声を小学校低学年から聞きますが、内野ゴロをファーストに送球して一塁手がキャッチできなくてもグローブに当てれば「アウト」にするなど、誰でも楽しめるようなルール設定にしていました。大差がつくと面白さが減少するので、打者一巡した段階で、３アウトがとれなくても攻守交替にするという工夫もありました。

大阪を中心に活動する「OSAKA BASEBALL PLAZA」は、小学生を対象にした野球教室です。高校野球部の選手やマネジャーが野球未体験の小学校低学年の子どもたちに、投げる、打つ、走るなどの野球の動作を楽しみながら伝えています。リーガ・アグレシーバの参加校でもある門真なみはや高校などの選手やマネジャーたちが、午前中に子どもたちに野球に触れてもらう教室を実施。午後には高校生たちがリーガ・アグレシーバの試合を行い、子どもたちに見学してもらいます。午前中は優しく教えてくれていた選手が真剣にプレーする姿を見てもらい、野球の面白さに気づいてもらいたいという狙いがあります。逆に高校生たちにとっても、野球を体験しに来てくれた子どもたちが観戦し、声援を送ってくれることは励みになるようです。

一方、青森県の弘前学院聖愛高校は冬の間、地元の小学生を招いて野球教室を毎週開催しています。何をするかはすべて選手たちによって決められ、子どもたちが楽しめるようにうまくコミュニケーションしながら進めていく。そうして主体的に取り組むことで、野球のプレーはもちろん、人間形成にも好影響があるとのことです。

現役のプロ野球選手では、堺ビッグボーイズ出身の筒香嘉智選手が地元・和歌山県橋本市にグラウンドを建設し、小学生対象のチーム「和歌山橋本 Atta boys」を設立。兄の筒香裕史さんがチーム運営を行い、未来ある子どもたちにスポーツを通じて生きる力を身につけてもらう活動を始めています。

以上のように全国各地で野球の普及振興活動に取り組む団体が増え始める一方、学童野球全体でも変化が起こり始めています。その一つが投球数の制限です。全日本軟式野球連盟は肩・肘の障害予防を目的に２０１９年、「１日の投球数は70球まで」と規定を変更しました。当時は全国大会での規定で、各都道府県ではそれぞれの連盟が規定を設けていました。

投球数の制限には、一体どういう効果があるのか。例えば、徳島県では２０１７年に「１日の投球回数は7イニングまで」と規定され、故障の発生率は40・９％から31・９％に減少。２０１８年に「１日の投球数は70球まで」とされると、平均投球数は以前の98・2球（7イニング制限）から52・5球と大幅に減少しました。

このように、投球制限のルールを設けることで障害予防に大きな意味をもたらす可能性が感じられます。

【中学生年代】

ボーイズリーグでは２０２１年、「１日80球、２日合計で１２０球まで」という規定が導入されました。この中で勝ち進むためには複数投手の育成が必須となり、指導者の意識も大きく変わっているように感じます。

また、ボーイズリーグの大阪阪南支部では２０１７年度から全国大会や関西秋季大会の支部予選を予選リーグで行うようになりました（一部、新型コロナウイルスの影響によりトーナメントのみで実施した年もあり）。予選リーグでは2位でも決勝トーナメントに進出できるワイルドカードも存在するため、一度負けたチームが代表権を勝ち取る可能性も残されています。２０２２年の関西秋季大会で堺ビッグボーイズは予選リーグの初戦で敗戦したものの、その後、勝ち上がって代表権を勝ち取りました。すべてのチームが公式戦をより多く経験できるシステムとなっていて、他の大会でも取り入れていくのが望ましいと思います。

【高校生年代】

２０１３年のセンバツでは、愛媛・済美高校の2年生投手・安樂智大投手（現・東北楽天ゴールデンイーグルス）が9日間で７７２球を投げて準優勝に導きました。アメリカのメディアが「正気の沙汰ではない」と警鐘を鳴らした一方、日本では球数制限を導入しようという動きはほとんど見られませんでした。

それから5年後の２０１８年の12月、新潟県高校野球連盟が翌年の春季新潟県大会で「1日１００球」という投球数制限を行うと発表。結局、実現には至りませんでしたが、２０２０年から高校野球において全国統一で「1週間に５００球以内」というルールが採用されることになります（2020年大会が新型コロナウィルスの影響で開催されなかったため実際の運用は2021年から）。

こうして今では、小中高の各年代で投球数制限が行われるようになりました。この10年間で野球界の価値観も大きく変わり、それが投球数の規定に表れているように思います。

しかし一方で、新たな課題も浮上しています。

議論が必要な課題①「審判員の不足」

近年、高校野球で審判員が不足しているというニュースをよく見聞きします。今後も減少し続けるとしたら、すべての試合で4人の審判を必須としないことも一手だと思います。

例えば、ドミニカのサマーリーグは二審制で行われています。球審と二塁塁審の2人がジャッジし、1人の公式記録員がヒットやエラーなど各種の判定を行います。中学生年代の試合に関しては、1人の球審が進める場合がほとんどでした。

堺ビッグボーイズがアメリカ遠征の際に参加した大会でも、予選リーグは審判員が1人のケースもありました。多くても2人です。決勝トーナメントでも二審制で行われていました。１人の審判員が裁く場合、ホームベースの後ろからすべてのプレーをジャッジすることになります。例えば二塁への盗塁はタッチができていたかよりもタイミングで判断されることも多かったですが、それは相手チームも同じことです。審判の判定を受け入れて試合を進めていました。

審判員が足りない場合、二審制でも試合はできます。必ずしも４人の審判を必要とするのではなく、２人、ときには１人で行うことも選択肢に入れてもいいと思います。その上で準々決勝以降は４人制で実施するなど、臨機応変に対応していくのがいいでしょう。

議論が必要な課題②「複数チームのエントリー」

野球人口減少が進む一方、各世代の強豪チームには多くの選手が集まっています。甲子園を狙うような強豪私学の場合、部員数が１００人を超える場合も珍しくありません。公式戦でベンチ入りできるのは20人なので、多くの選手たちがスタンドで応援することになります。そもそも彼らは野球をプレーしたくてチームに入っているのだから、どうすれば活躍の場を用意してあげられるかを模索すべきです。高校だけでなく、中学や大学にも言えることです。

ドミニカの場合、MLB球団ごとにアカデミーが抱える選手数は大きく異なります。最も少ない球団は40～45人程度で、半分が投手。多い球団は80～90人の選手を抱えています。

3カ月で行われる試合数は72。選手たちに十分な出場機会を与えるため、80～90人の選手を抱えている球団は2チームを編成して参加します。例えばヒューストン・アストロズは、アストロズ・オレンジ、アストロズ・ブルーとチーム名を変えて2チームを編成し、それぞれで72試合を行います。2023年のデータを見ると、30球団のうち20球団が2チームを編成していました。

日本でも中学硬式野球のポニーリーグでは同一のチームで人数が多い場合、複数チームでのエントリーを認め、多くの選手が出場できる機会を提供しています。堺ビッグボーイズが加盟するボーイズリーグでは1チームの参加しか認められていないため、連盟に2、3チームを別の名称で登録し、選手を移籍させるという形で出場しているところもあります。堺ビッグボーイズでは、2022年秋～2023年夏にかけて、堺中央ボーイズ、南《なん》花台《かだい》ボーイズ、堺南ボーイズの3チームを登録。選手を振り分けて、それぞれで公式戦

（全国大会予選含む）に臨んでいました。各チームに指導者を登録・配置し、十分な指導体制を敷けるように準備して参加しました。

こういった例のように、高校野球や大学野球でも部員数が50人を超える場合、複数チームで大会にエントリーできるようにしたほうがいいと思います。少子化が進み、野球人口減少が深刻化する中、せっかく野球を始めて高校や大学でもプレーを続けている選手たちに対し、少しでも公式戦に出場する機会を用意する工夫をするべきです。

日本の野球界は「多様性」とどう向き合うか

令和の社会は劇的なスピードで変化しています。その中で人々の考え方も変わっており、野球界も「多様性」と向き合うことが不可欠です。

以下のテーマについて、一緒に考えてみたいと思います。

【テーマ①　頭髪について】

戦前から、高校球児は〝丸刈り〟にするのが当たり前と考えられてきました。現在その風潮は変わりつつありますが、20年以上前に高校球児だった私は、違和感を覚えていました。それが新潟明訓高校に進んだ理由の一つです。

同校は、私が入学する3年前の1996年から丸刈りの強制をやめました。中学生だった私は学力と部活動のバランスを考えて自身に合うのではないかと考えると同時に、丸刈りを強制されたくないという思いもありました。

それから20年以上が経った2023年6月。日本高野連の調査によると、回答があった3788校のうち、髪型を「丸刈り」と定めているのは26・4％の1000校まで減ってきたということです。

それでも、甲子園に出場するくらいの強豪校では丸刈りとしているところが多くあります。2023年のセンバツの例を見ると、36校中32校が丸刈りでした。

また、私自身が全国各地の14名の指導者に確認したところ、当該する都道府県で丸刈りにしている学校数の割合は4～5割程度とのことでした。

強豪校を中心に、「高校野球＝丸刈り」という風潮はまだまだ残っています。選手たちが望んで丸刈りにしているならいいと思いますが、果たして本当にそうなのでしょうか。世界を見渡したとき、髪型に規定を設けているチームはありません。多様性や個性を重視する現代において、プレーに支障をきたさないのであれば、どのような髪形でも認められるべきだと思います。

【テーマ②　ユニフォームについて】

日本のプロ野球やＭＬＢの選手たちの多くは、ユニフォームの裾をくるぶし付近まで下ろして着ています。一方、日本の学生野球では、こうした着こなしは見かけません。なぜでしょうか？

「だらしないから、きちんと着ないとダメだ」

中学硬式野球で長年指導しているコーチに聞いたところ、こんな答えが返ってきました。でも、その着こなしは本当にだらしないのでしょうか。

２０１０年に南米コロンビアの中学生たちを日本に連れてくるプロジェクトを行った際、選手たちは総じて裾まで下ろすスタイルでした。彼らの誰も、だらしなくはありませんでした。

ユニフォームの着こなしは、あくまで一つのスタイルです。その価値観は誰が決めるのでしょうか。こうした点も昔からの伝統を踏襲するだけでなく、変えていってもいいと思います。

また高校野球で公式大会にベンチ入りする選手は、背番号「1～20」のみの使用と決まっています。暗黙の了解でレギュラーが一桁（1～9番）を着けますが、これも日本固有の慣習です。

必ずしも、前述の考え方にとらわれなくてもいいのではないでしょうか。

ちなみに堺ビッグボーイズ中学部の現3年生は、選手のつけたい番号で試合に臨んでいる一方、全国大会の予選では「1～20で決めてほしい」という選手の希望どおりにしています。指導者としては、「全国大会の予選でも自由に好きな番号をつければ良いのでは」と提案しているのですが……。

背番号の決め方は明文化されているわけではなく、前例を踏襲している部分が大きいでしょう。今後は各チームが独自色を出し、周囲も認めていくのがいいと思います。

【テーマ③　DH制について】

日本の高校野球や少年野球でも、指名打者（DH）制度を採用してはいかがでしょうか。

日本のパ・リーグでは指名打者制度が長らく敷かれ、ア・リーグだけで採用されてきたＭＬＢでは２０２２年からナ・リーグでも導入されました。

指名打者制度の是非にはさまざまな考え方があるでしょうが、そのメリットは、〝もう一人〟の打者を先発起用できることです。投手を打席に立たせたければ、そのチームが指名打者制度を採用しなければいいだけの話です。

ＭＬＢでは〝二刀流〟の大谷翔平選手が大活躍を見せ、２０２２年、先発投手が指名打者を兼任してもいいというルールができました。日本のプロ野球でも翌年から採用されています。あくまでもプロの例かもしれませんが、ルールは現場の実情に則したように変えていけばいいと思います。

学生野球では指名打者制度を認め、使用するかどうかは各チームに任せてもいいのではないでしょうか（大学野球ではほとんどのリーグで指名打者制度を採用）。

例えば、中学硬式のポニーリーグはＤＨ制を認めていないものの、リエントリーがＯＫ。一度試合から退いた選手が、再び出場することができます。柔軟なルールを採用することで、選手起用の幅が増し、成長する機会が増えると思います。

【テーマ④　イニング数について】

日本では中学まで7イニングで試合が行われ、高校から9イニングになります。一方、アメリカでは通常、高校生世代は7イニング制で行われます。ドミニカの場合、高校生年代（MLBのアカデミー）もプロのカテゴリーに入るため、基本は9イニング。ダブルヘッダー時は7イニングが採用されます。

２０２２年に開催されたU18のワールドカップや、大学野球日本代表が参加したハーレムベースボールウィークも7イニングで実施されています。なんでも世界に合わせる必要はないでしょうが、最適な試合形式を議論してもいいのではないでしょうか。果たして、高校野球は9イニング必要なのか。

個人的には7イニング制とし、その代わりにどの大会でも全チームが必ず最低3試合は行えるようにするなど、イニング数を減らして試合数を増やすことへの議論が必要だと思います。そのほうが多くの選手の出場機会が増え、試合や大会を通じての学び、成長が大きいと考えるからです。

以上、私が普段から考えていることについて、提案させてもらいました。

必ずしも変わることがいいわけではないかもしれませんが、少なくとも議論することが必要だと思います。

私自身、日本で育って大学までプレーし、海外の野球を見て回ったからこそ、日本の野球の素晴らしさに気づいた部分も多いです。特に、道具やグラウンドを大切に扱うことは日本野球が誇りにできる部分です。

１００回以上続いている、甲子園という文化もその一つでしょう。伝統として築いてきた素晴らしい点を継承しながら、現代に合ったようにアップデートしていくことができれば、未来に向けてさらに繁栄していけるのではないでしょうか。

大事なのは、それぞれの現場でできることを考えて、実行、発信、そしてつながっていくことだと思います。

本書を手にしてくれた読者の皆さんには、さまざまな意見があるでしょう。私が述べたのは、あくまで私見です。５年後に振り返ったとき、間違っていることもあるかもしれません。

それでも批判を恐れず、建設的な提案をしながら、より良い形を模索していくことが日本野球の発展のためにも不可欠だと思います。

おわりに

野球をいかにして豊かな人生につなげていくか――。

私は常々そう考え、選手たちや指導者、保護者たちと関わっています。

よく知られるように、学生野球憲章では「学生野球は学校教育の一環」とうたわれています。高校野球や大学野球は、まさに教育現場の課外活動として行われているものです。

一方、堺ビッグボーイズのようなクラブチームは独立した団体ですが、小中学生の義務教育期間中に多くの時間を割き、選手たちのその後の人生（考え方や行動など）に良くも悪くも影響を与えることを考えると、同じく教育の一環として捉える必要があると思います。

教育の目的は、教育基本法の第1条（教育の目的）で以下のように規定されています。

「教育は、人格の完成をめざし、平和的な国家及び社会の形成者として、真理と正義を愛し、個人の価値をたつとび、勤労と責任を重んじ、自主的精神に充ちた心身ともに健康な国民の育成を期して行われなければならない」

簡潔に言うなら、「社会に出たときに役立つ人間を育てること」が教育の目的だということでしょう。

学生野球は教育の一環です。教育の中で行われる大会で結果を出すことは、当然チームとして一つの目標に掲げられるものの、〝結果がすべて〟という位置づけにするべきではありません。人格を完成させる過程にあるのが教育なので、必要以上に結果が重視される取り組みになった場合、「教育の一環」を逸脱してしまうと思うからです。

野球が教育の一環である限り、何より重要なのは選手たちの未来への飛躍です。将来の飛躍とは、野球選手として、さらに一人の人間としてということです。

誤解を恐れずに言うと、チームの勝利や個々の成長を目指してプレーする限り、たとえ野球で望ましい結果が出なくても、あまり気にする必要はないのではないでしょうか。

私自身、小中学生で所属していた硬式野球チームは大阪府で最弱とも言えるチームの一つで、公式戦で勝利したことはほとんどありませんでした。最終学年の中学2年生秋から中学3年生夏まで、公式戦のチーム成績は2勝13敗です。

それでも、高校では甲子園に出場、大学では東京六大学野球でプレーすることができました。小中学生ではほとんど勝てなかったものの、アマチュア野球の晴れ舞台に立つことができたのです。

もちろん、チームの成績がいいに越したことはありません。みんなで勝利を目指し、創意工夫して取り組むことは非常に大切です。でも、ベストを尽くしたのであれば、結果を必要以上に気にしなくていいと思うのです。

学生野球＝教育という観点に立てば、指導者＝教育者にとって最も大事なのは、選手たちが次のステージに進んだときに活躍できるかどうかでしょう。野球選手ならプロや社会人にたどり着いたとき、あるいは野球をやめた選手が社会で働くようになったとき、それぞれの持ち場でどんな活躍を見せ、人生をより豊かにしていけるか。そうしたアプローチを、教育期間中に野球を通じて行っていくことが重要だと思います。

人生はリーグ戦

2015年からリーガ・アグレシーバの活動を続ける中で、私は多くの指導者や選手たちと共有している思いがあります。

「人生はトーナメント戦ではなく、リーグ戦である」

ビジネスでも私生活でも、やることなすことすべてがうまくいき、勝ち続ける人など存在し得ません。もし、「あの人は何をやってもうまくいく」と周囲から見えたとしても、本人は人知れず苦労をしているでしょう。多くの失敗を経験した上で、のちに成功を収めることができたはずです。

逆に言えば、人生は「一度負けたら終わり」ではありません。もし、人前で何か失敗して周囲に笑われたとします。あるいは志望校に合格できなかったり、希望した会社に就職できなかったりしたら……その日はものすごく辛いでしょう。でも明日は必ずやって来て、人生は続いていきます。

人生は、成功と失敗を繰り返すリーグ戦です。誰しも成功と失敗を繰り返しながら、平均寿命で言えば80年以上におよぶ長い年月を生きていきます。失敗が次の成功の糧になることは、多くの人が経験しているはずです。

学生野球が教育の一環であるならば、成功と失敗を繰り返せる環境を整えるべきだと思います。そうしたほうが、卒業後に待ち受ける長い人生の〝予行演習〟になるからです。

つまりトーナメント戦ではなく、リーグ戦のほうが学生野球に適している。私はそう確信し、リーグ戦を広めるべく活動しています。

〝勝つか負けるか〟より、〝勝つか学ぶか〟

勝負事は文字どおり、「勝つか負けるか」に分かれますが、もっとさまざまな角度で物事を捉えていく必要がある。そう考えさせられる出来事がありました。

ドミニカの投手に国際電話をかけた日のことです。彼はちょうどドミノというゲームをしているところでした。サイコロの目が二つ並んだようなマークが刻まれた牌を使い、基本的に４人で盤上に並べて遊ぶゲームです。

特に中南米で人気が高く、ドミニカでは少額のお金を賭けて行う場合がほとんどです。

「今は勝っている？　それとも負けている？」

電話越しにそう聞くと、予期せぬ答えが返ってきました。

「俺は今、ドミノを学んでいるんだ！」

一瞬、頭にクエスチョンマークが浮かびました。私が尋ねているのは勝敗だからです。

再び聞くと、こんな返答がありました。

「自分の思い通りにいかないことはすべて、次の成功への学びなんだ！」

勝敗についてはストレートに口にしません。要するに、負けているようです。そう突っ込むと、笑いながら言いました。

「野球をプレーしていても、うまくいかないことも多いだろう？　試合で打たれて、負け投手になることもある。でも、それこそが次の成功に向けた最高の学びなんだ。だから俺は今、最高に学んでいる！」

〝勝つか負けるか〟ではなく、〝勝つか学ぶか〟――。

目の前の勝負では常に成功を目指す一方、たとえ勝てなかったとしても、すべてが自分の経験となる。それが将来の成功につながっていく。

このドミニカ人投手との会話を通じ、そんなことを学びました。

逆に言えば、失敗を恐れてチャレンジしなければ、経験を積むことはできません。それでは絶対に、将来の成功につながらない。目の前の負けを恐れて前に踏み出さなければ、明るい未来を得ることもできないわけです。

私自身、失敗を糧にした経験があります。外国で野球指導を行いたくて青年海外協力隊の試験に挑戦しましたが、不合格に3度なりました（理由は健康診断の結果なのか、明確にはわかりませんでした……）。

でも知人の紹介などで、スリランカやタイ、ガーナで計2年間暮らし、野球の指導に携わることができました。その後、〝4度目の正直〟で青年海外協力隊の試験に合格し、中南米に派遣されます。アジア、アフリカに続き、3大陸目の野球に触れることになりました。

不合格の通知は非常に残念でしたが、今になって振り返れば、合格しなかったからこそ世界の多くの国々に行くことができ、各国の野球に触れて、さまざまな経験ができました。さらに元をたどれば、青年海外協力隊の試験に受からなかったにもかかわらず、大卒後に就職した会社を辞めて、外国で野球の指導をするべく一歩踏み出しました。そうした経験や挑戦が重なり、今に至っているのだと思います。

もちろん、チャレンジにはリスクが伴います。短期的には失敗もあるでしょうが、人生をトータルで見れば、得られるものは多いです。だからこそ若者たちが挑戦しやすい環境をつくるべく、私は野球を通じてさまざまな活動を行っています。

失敗しても、次のチャンスがある

今でこそチャレンジに前向きな私ですが、正直、大学時代は目の前の結果にとらわれていました。

打たなければいけない、結果を残さなければいけない、勝たなければいけない――。

東京六大学リーグで出場機会を争うようになったこともあり、知らず知らずのうちに、自分にプレッシャーをかけていたのです。そうしたマインドでは、望むような結果を収めることはできませんでした。

本書で何度も登場するドジャース・アカデミーのコーチ、アントニオ・バウティスタとドミニカで知り合い、当時の話をしたことがあります。大学生の頃の私のように、チャンスになると重圧を感じて打席に入る選手が日本では少なくありません。そんな場合、どのように考えればいいのか？　バウティスタに質問しました。

「バッティングはヒットを打つ確率が3割で、打てない確率は7割。打てない確率のほうが高い競技なのに、打てなかったときのことを心配すること自体がナンセンスだ。自分はできると信じて打席に入り、ベストを尽くす。打てなくてもそれが普通なんだから、また次の打席に向かえばいいだけじゃないか？

勝敗についても同じだと思う。果たして、試合の勝ち負けは自分にコントロールできるものだろうか？　相手も勝とうと思い、必死に戦ってくる。

例えば1点リードの9回裏2死満塁で、どんなに良い投球をして打ち取ったと思っても、当たり損ないの打球が野手の間に落ちて逆転サヨナラ負けを喫することもある。あるいは、どんなに良いバッティングをしても、野手の正面に飛べばアウトになってゲームセットになる。当然、誰しも勝ちたいと思って必死にプレーするけど、勝敗はコントロールできるものではない。それにもかかわらず、結果を気にして、ましてや良くない結果になることを心配して、何かいいことはあるだろうか？

勝敗は神様が決めるものだ。我々は勝利に向かって、常にベストのプレーを心がける。そのための準備をしていく。ただ、それだけのことだ」

失敗を恐れないマインドとは、こうした考え方のことを言うのだと思います。バウティスタが言うように、選手たちは前向きに取り組んだほうが、いい結果につながりやすくなります。

野球だけでなく、人生にも通じる考え方だと思います。

人生はトーナメント戦ではなく、リーグ戦である――。

繰り返しになりますが、私は常々そう考えています。人生はリーグ戦だからこそ、失敗を恐れずに挑戦し、たとえうまくいかなくても立ち上がり、再びチャレンジしていく。私もそうした道を歩いている途中です。

日本の野球界では２０１０年頃から競技人口が大きく減少し、野球をすることの価値が問い直されています。過去を振り返れば、いい伝統だから１００年以上受け継がれてきたものもあれば、現代の価値観にそぐわなくなっているものもあります。本書では見直すべきものを提案させてもらいましたが、改めて最後にまとめると、大会を含めた運営のあり方、チームの方針、指導者のあり方、そして豊かな人生に通じているのか、という点を今後、野球界を支える皆さんと一緒に考えていければ本望です。

人生はリーグ戦。だからこそ、野球もリーグ戦で行ったほうが得られるものがたくさんあると確信しています。そうした信念を持ち、私自身ができる活動をこれからも継続していきたいと思います。

２０２３年10月　阪長友仁

謝辞

『本を出したいんです！』という私の想いを形にするにあたり、様々な方にご協力いただきました。この場を借りて感謝の気持ちをお伝えいたします。

特に、私の拙い日本語をなんとか出版物とするべく、最初から最後まで根気強く支えてくださったスポーツライターの中島大輔さん、株式会社東洋館出版社の吉村洋人さんには感謝してもしきれないくらいです。本当にありがとうございました。東洋館出版社をご紹介いただいた一般社団法人日本スポーツマンシップ協会代表理事の中村聡宏さん、帯の推薦文を快く引き受けてくださった慶應義塾高校野球部監督の森林貴彦さん、この本の執筆作業中には夏の甲子園で優勝！　いつもたくさんの勇気を与えてくださり本当にありがとうございます。

日本の野球はもっと良くなれる！　良い方向に変えて行くんだ！　と、活動する私をいつも笑顔で支えてくれる家族、４歳の娘と０歳の息子は、何が何だかまだわかっていないと思いますが（笑）、日々感謝しています。

もしかしたら、この本を読んで、快く思わなかった方もいらっしゃるかもしれませんが、私は誰とも、どのような立場の方とも敵対することなく、ただただ日本の野球界、スポーツ界、社会全体がより良い方向に向かうために、これからもコミュニケーションを取りながら前進していきたいと思っています。これからもぜひ変わらずお付き合いいただけると嬉しいです。

私をここまで育ててくださった全ての方々、スリランカ、タイ、ガーナ、コロンビア、グアテマラ、そして、ドミニカ共和国など世界中で出会った方々、堺ビッグボーイズの選手、保護者、指導者の方々、リーガ・アグレシーバを始め、様々な形で私と関わって下さる日本中の方々に感謝して、この本を世に出したいと思います。

より良い未来に向かって！

¡Vamos!

著者紹介

阪長 友仁
（さかなが・ともひと）

一般社団法人 Japan Baseball Innovation 代表理事

1981年生まれ、大阪府交野市出身。新潟明訓高校3年生時に夏の甲子園大会に出場。立教大学野球部で主将を務めた後、大手旅行会社に2年間勤務。野球の面白さを世界の人々に伝えたいとの思いから退職し、海外へ。スリランカとタイで代表チームのコーチを務め、ガーナでは代表監督として北京五輪アフリカ予選を戦った。その後、青年海外協力隊としてコロンビアで野球指導。JICA企画調査員としてグアテマラに駐在した際に、同じ中米カリブ地域に位置する野球強豪国のドミニカ共和国の育成システムと指導に出会う。大阪の硬式少年野球チーム「堺ビッグボーイズ」の指導に携わりつつ、同チーム出身の筒香嘉智選手（当時横浜DeNAベイスターズ）のドミニカ共和国ウィンターリーグ出場をサポート。さらには、2015年に大阪府内の6つの高校と高校野球のリーグ戦「リーガ・アグレシーバ」の取り組みを始め、現在では全国で160校以上に広がっている。2023年には一般社団法人Japan Baseball Innovationを設立し、野球界に新たな価値を創造する活動をさらに進めていく。

撮影協力

川口 郁也
（堺ビッグボーイズ所属）

山本 哲平
（堺ビッグボーイズ所属）

堺ビッグボーイズ南花台専用グランド

構成　中島 大輔
装丁　小口翔平＋青山風音（tobufune）
本文デザイン・DTP　松浦 竜矢
校正　東京出版サービスセンター
写真・動画撮影　松岡 健三郎
動画編集　成富 紀之
編集　吉村 洋人

育成思考

野球がもっと好きになる環境づくりと指導マインド

2023（令和5年）年12月6日　初版第1刷発行

著者　阪長 友仁
発行者　錦織 圭之介
発行所　株式会社 東洋館出版社
〒101-0054　東京都千代田区神田錦町2-9-1
コンフォール安田ビル 2F
（代　表）　TEL 03-6778-4343　FAX 03-5281-8091
（営業部）　TEL 03-6778-7278　FAX 03-5281-8092
URL　https://toyokanbooks.com/

印刷・製本　株式会社シナノ

ISBN　978-4-491-05389-9 / Printed in Japan